La Torche Pétillante

Ou

Torche Brûlante Numéro 14

Révérend Renaut Pierre-Louis

Pour toutes informations et pour vos commandes, adressez-vous à

>Peniel Haitian Baptist Church
>P.O. Box 100323
>Fort Lauderdale, FL 33310
>Phone : 954- 525-2413
>Cell : 954- 242-8271
>Website : www.theburningtorch.net
>Website : www.peniel baptist.org
>e-mail : renaut@theburningtorch.net
>e-mail : renaut_cyrille@hotmail.com

Copyright © 2017 by Renaut Pierre-Louis
Tous droits réservés @ Rev.Renaut Pierre-Louis
Attention : Il est illégal de reproduire ce livre, en tout ou en partie, sous quelque forme ou par quelque procédé que ce soit, électronique, mécanique, photographique, sonore, magnétique ou autre, sans avoir obtenu au préalable, l'autorisation écrite de l'auteur.

Les ouvrages dans les trois langues, anglaise, française et créole sont aussi disponibles chez :

Renaut Pierre-Louis
720 SW 4th Ave Fort Lauderdale, Fl 33315

Michel Joseph
191-21 118 Rd. St. Albans, N.Y. 11412
Phones : 917-853-6481 718-949-0015

Rev. Julio Brutus
P.O. Box 7612 Winter Haven, FL 33883
Phones: 863-299- 3314 863- 651-2724

Rev. Edouard Georcinvil
725 NE 179th Terr N. Miami Beach FL 33162
Phones: 305-493-2125 305-763-1087

Rev. Evans Jules
Eglise Baptiste Bethel
5780 W. Atlantic Ave Delray Beach, FL 34444
Phones: 561-452-8273 561-498-2855

Iliana Dieujuste
2432 Indian Bluff Dr.
Dacula , GA 30019
Phones : 954- 773- 6572 954-297-4656

Tome 14- Série 1

L'Amour Fraternel
Dans Ses
Grandes Dimensions

Avant-propos

Dans le volume 9, vous avez déjà vu «L'amour de Dieu dans ses grandes dimensions». Puisque l'homme est créé à l'image de Dieu, pourquoi ne pas le considérer à son tour, dans ses relations ultimes avec ses semblables?
Avec la série «L'amour fraternel dans ses grandes dimensions», nous allons confirmer notre engagement de marcher ensemble dans la voie tracée par Jésus-Christ pour arriver au ciel. Marchons donc avec joie dans le bon chemin.

Rev. Renaut Pierre-Louis

Leçon 1
L'amour fraternel, une projection de l'amour de Dieu

Textes de préparation : Jn.8 :36 ; 13 :34-35 ; 14 :20 ; Ga.5 :22 ; 1Jn. 3 :14 ; 4 : 7-21 ;
Versets à lire en classe : 1Jn.4 :7-12
Verset de mémoire : L'amour de Dieu a été manifesté envers nous en ce que Dieu a envoyé son Fils unique dans le monde, afin que nous vivions par lui.1Jn.4 :9
Méthodes : discours, comparaisons, questions
But : Montrer que le vrai amour pour nos frères est une manifestation du Saint Esprit.

Introduction
L'amour fraternel est l'expression la plus mal interprétée dans la conception humaine. Par malheur, on le confond à un acte matériel ou purement charnel. Comment donc le définir?

I. L'amour fraternel est une étincelle de l'amour divin

1. Pour nous prouver son amour, Dieu a tout prévu pour notre bien-être. 1Jn.4 :9
   A notre tour, il est inutile de proclamer notre amour pour Dieu si nous ne pouvons le prouver par la bonté envers nos frères. 1Jn.4 :20
2. Dieu nous prouve son amour par le respect de notre liberté et de notre personne. Jn.8 :36
   Nous ne pouvons parler d'amour si nous torturons ou détruisons nos semblables par des paroles blessantes ou des actions malveillantes. 1Jn.4 :21

II. L'amour fraternel est un fruit de l'Esprit.
Ga.5 :22
Cet Esprit inspire l'amour. Ainsi, nous verrons dans notre frère l'image de Dieu à apprécier et à respecter. 1Jn.4 :12

III. L'amour fraternel est un acte d'obéissance au Seigneur Jésus.
1. Vous n'avez qu'à lire son dernier discours adressé à ses disciples avant sa mort. Jn.13 :34-35
« C'est ici mon commandement : Aimez-vous les uns les autres comme je vous ai aimés ». Jn.15 :12
2. Faites en sorte que vous formiez un seul avec mon père et moi et avec vos frères. Jn.14 :20

Conclusion
Projetons sur notre frère les rayons de l'amour divin. Ce geste lui fera certainement du bien.

Questions

1. Comment définir l'amour fraternel?
   a. C'est une étincelle de l'amour divin.
   b. C'est un fruit de l'Esprit.
   c. C'est un acte d'obéissance au Seigneur Jésus.

2. Quelle est la fausse interprétation de l'amour fraternel ? C'est de lui attribuer un aspect charnel.

3. Comment Dieu a-t-il prouvé son amour envers nous?
   En livrant Jésus-Christ à la mort à notre place.

4. Comment pouvons-nous lui prouver notre amour? En donnant notre vie pour nos frères.

5. Cochez les vraies réponses.
   L'amour est __ une force __ un pouvoir __ un acte de faiblesse __ une passion charnelle __ un fruit de l'Esprit

Leçon 2
L'amour fraternel un acte de générosité

Textes pour la préparation: Es.58:7; Mt.6:15; 28:19-20; Lu.5:20; 6: 30-35; 10:5; Jn.3: 16, 35; 6:63; 14:27; 15:12; Ac.4: 32-34; Ja.2:15-16; 1Jn.3:17-18
Versets à lire en classe: Lu.6:28-36
Verset de mémoire: Donne à quiconque te demande et ne réclame pas ton bien à celui qui s'en empare. Lu.6:30
Méthodes: discours, comparaisons, questions
But: Montrer que le vrai amour s'exprime dans le partage.

Introduction
Le vrai amour doit être prouvé. On peut donner sans aimer, mais on ne peut aimer sans donner. Jn.3 :16

I. **Dieu a tant aimé qu'il nous a fait le plus grand don.**
   1. Ce don c'est Jésus, l'héritier de toutes les grâces que Dieu met à notre disposition: Jn.3 :35
   2. Cependant, Jésus nous demande de les partager avec nos frères. Es.58 :7 ; Lu.6 :30

II. **D'abord dans les aspects spirituels**:
   1. *Le pardon*. C'est son premier soin accordé au pécheur. Lu.5 :20
   A notre tour, il nous demande de pardonner. Mt.6 :15
   2. *La paix*. Il nous la donne dans notre relation avec Dieu et dans notre conscience. Jn.14 :27

    a. Quand l'hébreu vous dit « Shalom », il vous souhaite : la sécurité, la santé, la joie, l'espoir, enfin le bien-être.
    b. Voilà ce que le Seigneur nous demande d'offrir **d'abord** aux autres. Lu.10 :5
3. *La vie*. Il nous donne sa parole qui est Esprit et vie. Jn.6 :63
Il nous recommande de la transmettre aux autres et de respecter leur vie. Mt.28 :19
4. *L'amour.* Il nous demande de le manifester envers les autres en suivant son exemple. Jn.15 :12

III. Ensuite dans les aspects temporels

1. Nous devons partager nos biens avec les nécessiteux. A chacun selon son besoin. Ac.4 :32, 34
2. Ainsi nous montrons notre foi par nos œuvres. Ja.2 :15-16
    a. L'apôtre Jean nous recommande de ne pas aimer en paroles seulement mais en actions et en vérité. 1Jn.3 :18
    b. Rappelez-vous de cette parole de Christ : « Donne à quiconque te demande et ne te détourne pas de celui qui veut emprunter de toi » parce que c'est ton frère et nous avons un même Père. Lu. 6 : 30, 35
    c. En partageant vos biens avec le prochain, vous ne lui faites pas une faveur. Vous avez **plutôt fait au Seigneur un versement sur la dette que vous ne pourrez jamais payer.**

Conclusion

Soyez donc fidèle dans vos règlements de compte avec Dieu, votre créancier, de peur d'encourir la condamnation éternelle comme débiteur de mauvaise foi.

Questions

1. Comment Dieu nous manifeste-t-il son amour?
   En nous donnant toutes choses à travers Christ

2. Que nous donne-t-il à travers Christ?
   La vie, le pardon, la paix, l'amour, la santé, la joie et la sécurité.

3. De quoi Christ nous charge-t-il de remettre à nos frères? Une portion de notre dette que nous ne pourrons jamais payer.

4. Cochez la vraie réponse :
   En rendant service à quelqu'un,
   a. Nous lui faisons une faveur.
   b. Nous ne devons rien à personne.
   c. Nous remettons à Dieu une portion de notre dette.

Leçon 3
L'amour fraternel par le pardon inconditionnel

Texte pour la préparation : Ge.12 :11-17 ; Ex.3 :1-9 ; Ps.103 :12-14 ; Mt. 6 :12-15 ; 18 :22-35 ; Lu. 5 :20 ; 17 :4 ; Ac.20 :35 ; Col. 3 :13
Verset à lire en classe : Mt.18 :15-22
Verset de mémoire : Si vous pardonnez aux hommes leurs offenses, votre Père céleste vous pardonnera aussi. Mt.6 :14
Méthodes : discours, comparaisons, questions
But : Nous encourager à pardonner sans poser des conditions.

Introduction
Peut-on pardonner à quelqu'un jusqu'à 490 fois? N'est-ce pas pousser trop loin la tolérance? Voyons-en les raisons.

I. Dieu est un Dieu de pardon.
1. Pendant leurs quatre-vingts ans de relation, Dieu n'a jamais reproché à Moise le meurtre de l'Égyptien. Ex.3 :1-9
2. Pendant leurs cent ans d'amitié, Il n'a jamais rappelé à Abraham son fieffé mensonge sur sa femme. Ge.12 : 11-17
Il regarde nos fautes à distance. Ps.103 :12

II. Pourquoi pardonne-t-il ?
1. Il est compatissant. Il veut nous donner l'exemple du pardon. Ps.103 : 13
2. Il connait nos défaillances, nos chutes de chaque jour. Ps.103 :14

    a. Il veut rafraichir entre nous les liens de fraternité. Mt.6 :12
    b. Si nous ne pardonnons pas à notre frère, il ne nous pardonnera non plus, car notre refus de pardonner permet à Satan de nous posséder. Mt.6 :14-15

III. **Pourquoi donc nous ordonne-t-il de pardonner jusqu'à 490 fois?** Mt.18 :22
1. C'est une façon de nous dire qu'il nous faut toujours pardonner.
2. C'est parce que Christ a payé la dette de nos péchés qu'il nous demande de faire autant envers nos frères. Mt.6 : 12 ; Col.3 :13
3. Dans Mathieu 18 : 23 à 35, il nous donne une belle illustration du pardon. Un roi pardonna une dette de dix mille talents à un débiteur, l'équivalent de six millions de deniers correspondant à vingt mille années de travail. A son tour, ce débiteur étrangla son frère pour une dette de six cent deniers. Ce roi, le sachant, le fit arrêter et le condamna à payer toute sa dette. Mt. 18 : 24-27
4. En Christ, Dieu nous a fait grâce. Il nous a pardonné à cent pour cent. Il nous demande de pardonner aussi à nos frères à cent pour cent. Autrement, il va nous condamner à cent pour cent. Mt. 18 : 32-35
5. Le pardon nous ramène la paix, le sommeil, la santé, l'appétit et la joie comme des bienfaits de Dieu. Ac.20 :35
6. Enfin, il vaut mieux avoir mille amis qu'un seul ennemi.

Conclusion

Le pardon est humain. L'oubli est divin. Renonçons à la haine et à la vengeance et aimons-nous comme Christ nous a aimés. Ps.103 :12

Questions

1. Qu'est-ce que le pardon?
   C'est la rémission d'une faute, d'une offense.

2. Pourquoi Dieu nous a-t-il pardonné? Parce qu'il nous aime et veut nous apprendre à pardonner.

3. Que signifie : pardonner jusqu'à 490 fois?
   Il nous faut toujours pardonner

4. Dans quelle mesure Dieu nous pardonne-t-il ?
   Dans la même proportion que nous pardonnons à notre frère

5. Quel profit tirons-nous en pardonnant à notre frère? On retrouve la paix, la joie, la santé, l'appétit et le bon sommeil.

6. Cochez la meilleure réponse
   a. Avant de lui pardonner, je dois lui dire tout ce que j'ai dans ma pensée.
   b. Je lui pardonne mais je ne lui parlerai jamais.
   c. Je lui pardonne mais je n'oublierai jamais ce qu'il m'a fait.
   d. Je lui pardonne purement et simplement au nom de Jésus-Christ.

Leçon 4
L'amour fraternel, une connexion spirituelle

Textes pour la préparation : Mt. 6 :3 ; 11 :11 ; 25 :21 ; Ac. 5 :41 ; Ro.12 :9-16 ; 1Co.12 :7
Versets à lire en classe : Ro.12 :9-16
Verset de mémoire : Que l'amour soit sans hypocrisie. Ayez le mal en horreur ; attachez-vous fortement au bien. Ro.12 : 9
Méthodes : discours, comparaisons, questions
But : Montrer que le vrai amour ne peut aller avec l'hypocrisie.

Introduction
L'amour est la plus grande vertu qui soit. Comment le vérifier ?

I. **Le vrai amour fraternel est dynamique.**
  1. L'action suit la parole.
  2. Le chrétien sait que les dons lui sont donnés par le Saint Esprit en vue de rendre service aux saints. 1Co.12 : 7
  3. Il sait que, par cet acte bénévole, il accomplit son devoir de chrétien. Ainsi au dernier jour, Christ lui dira-t-il : « Venez bon et fidèle serviteur. »
     a. Bon, parce qu'il avait agi avec amour.
     b. Fidèle, parce qu'il avait rempli sa tâche avec un cœur obéissant. Mt.25 : 21

II. **Le vrai amour fraternel est sincère.**
  1. On doit garder secret les services rendus à son frère. Mt.6 :3

2. On ne doit pas s'attrister sur son sort et en faire part ensuite à des gens qui ne partagent pas ses sentiments.
3. On doit traiter son frère de la même manière qu'on aimerait être traité. Le vrai amour fraternel est sans hypocrisie. Ro.12 :9

III. **Le vrai amour fraternel blâme les fautes avec sagesse.**
1. On ne doit pas fermer les yeux sur les fautes du prochain. On l'exhorte au contraire, pour l'épargner du pire. Ga.6 :1
2. Si vous êtes en droit de le punir, faites-le sans méchanceté. Ainsi vous agirez en bon chrétien et Dieu en tiendra compte au dernier jour. He.12 :10

IV. **Le vrai amour fraternel est inflexible devant la vérité.**
1. La flatterie tout comme la lâcheté est un vice détestable et même exécrable.
2. L'amour fraternel recommande de dire la vérité avec courage et sagesse, même au prix de sa vie. Jésus a félicité Jean-Baptiste pour son courage à dire la vérité à Hérode, un gouverneur criminel et cynique. Mt.11 : 11

Conclusion

Demandez à Dieu la force d'en haut pour dire la vérité avec courage et amour.

Questions

1. Donnez les caractéristiques du vrai amour fraternel.
   Il est dynamique et sincère ; il blâme les fautes avec sagesse et reste inflexible devant la vérité.

2. Pourquoi Jésus recevra-t-il ses serviteurs en tant que bons et fidèles?
   a. Bons, à cause de leur amour manifesté envers leurs frères
   b. Fidèles, à cause de leur courage pour assumer leur responsabilité.

3. Comment doit-on punir le coupable ?
   Sans rancune

4. Comment doit-on blâmer le coupable ?
   Avec sagesse et courage.

Leçon 5
L'amour fraternel un festin perpétuel

Textes pour la préparation: Lu.18 :7 ; Ac.2 : 37-47
Verset à lire en classe : Ac.2 : 41-47
Verset de mémoire : Ils étaient chaque jour ensemble assidus dans le temple, ils rompaient le pain dans les maisons, et prenaient leur nourriture avec joie et simplicité de cœur. Ac.2 :46
Méthodes : discours, comparaisons, questions
But : Présenter l'amour fraternel à son plus haut degré.

Introduction
Comment expliquer la soudaine et extrême générosité des chrétiens au lendemain de la Pentecôte?

I. **Ils croyaient au retour immédiat du Seigneur.**
  1. Les anges venaient d'annoncer aux apôtres le retour du Seigneur de la même manière qu'ils l'ont vu allant au ciel. Croyant que ce retour était proche, ils s'engagèrent peu après, à la prédication de l'Evangile. Ac. 2 :41
  2. Ils voulurent tous rester ensemble. Aussi se sentaient-ils obligés de vendre leurs biens en vue de se supporter les uns les autres. Ac. 2 :44-45

II. **Ils étaient assidus au temple chaque jour.**
  1. Ils persévéraient dans l'étude biblique centrée surtout sur la rédemption, la foi, la repentance, la mort, la résurrection et le retour de Jésus-Christ. Ac.2 :42

2. Ils persévéraient dans la communion fraternelle qu'il ne faut pas confondre avec la **Sainte Cène**. C'était plutôt le sentiment d'être mis à part du monde pour Dieu et d'avoir des intérêts communs. Ac.2 :42 (Commentaire biblique)
3. Ils persévéraient dans la fraction du pain.
C'était une agape fraternelle ou l'on prenait la **Cène,** c'est-à-dire **un grand diner** en commun avant de participer à la **Sainte Cène**, le repas du Seigneur, sous les espèces du pain et du vin. Ac.2 :42
4. Ils persévéraient dans les prières pour se rappeler de la recommandation du Seigneur. Lu. 18 :7

III. L'intervention du ciel à cette agape
1. La crainte s'empara de chacun. Ac. 2 :43
2. Dieu utilisa les apôtres pour produire des miracles et des prodiges. Ac.2 : 43
3. Dieu toucha le cœur du peuple pour pourvoir à tous leurs besoins. Ac.2 :47
4. Le Seigneur ajoutait à l'Eglise ceux qui étaient sauvés. Ac.2 :47

Conclusion
Quelle beauté de voir la main de Dieu à l'œuvre pour bâtir son Eglise! Prions pour une pareille sensation dans notre milieu.

Questions

1. Qu'est ce qui a provoqué l'agape fraternelle ?
   La conviction du retour immédiat de Jésus-Christ

2. Quelles en étaient les conséquences immédiates ?
   a. Les chrétiens voulurent tous rester ensemble.
   b. Ils vendaient leurs biens pour aider les autres.

3. Comment décrire la persévérance des chrétiens?
   a. Ils participaient chaque jour à tous les services dans le temple.
   b. Ils mangeaient ensemble dans le temple chaque jour avant la sainte Cène.
   c. Ils participaient activement aux réunions de prière.

4. Comment définir l'intervention de Dieu dans ce réveil ?
   a. Les apôtres produisirent des miracles et des prodiges.
   b. Dieu toucha le cœur du peuple pour pourvoir à tous leurs besoins.
   c. Des conversions massives sont réalisées chaque jour.

5. Que veut dire la Cène? Grand diner

6. Que veut dire la Sainte Cène ? Le repas du Seigneur sous les espèces du pain et du vin

7. Que veut dire « communion fraternelle? »
   La joie de vivre ensemble loin du monde

Leçon 6
L'amour fraternel, une force sacrificielle

Textes pour la préparation : Es.53 :3-7 ; Jn.16 :33 ; Ac. 5 :41 ; 14 :22 ; 16 : 23-24 ; 2Co.12 :10 ; Ja.1 :2
Verset à lire en classe: Es.53 :3-7
Verset de mémoire : C'est pourquoi je me plais dans les faiblesses, dans les outrages, dans les calamités, dans les persécutions, dans les détresses, pour Christ ; car, quand je suis faible, c'est alors que je suis fort. 2Co.12 :10
Méthodes : discours, comparaisons, questions
But : Présenter l'amour comme une superpuissance.

Introduction
Il n'y a pas de force plus grande que le vrai amour. Jésus nous en donne l'exemple.

I. **C'est une force sacrificielle.** Es.53 : 3-7
   1. Méprisé et abandonné des hommes, V.3
   2. Frappé de Dieu et humilié, V.4
   3. Brisé pour nos iniquités, V.5
   4. Maltraité et opprimé : *Il n'a point ouvert la bouche devant ses bourreaux.* Es.53 : 3-7
   5. Et tout cela enfin, pour mourir et éviter de me trahir, moi, le vrai coupable. Quel amour !

II. **Les apôtres l'ont imité**
   1. **Pierre et Jean** :
      Ils étaient joyeux d'avoir été jugés dignes de souffrir pour le nom de Jésus-Christ. Ac.5 :41
   2. **Paul et Silas**
      a. La veille du jour où ils allaient être mis à l'échafaud, avec les menottes aux pieds et

aux mains, ils louaient Dieu dans la prison romaine. Ac.16 : 23-24
b. Paul prend la souffrance comme du sport dans un gymnasium. 2Co.12 : 10
3. **Jacques, le frère de Jésus-Christ**
Il nous invite à prendre la souffrance comme une classe préparatoire à la délivrance. Ja.1 :2
4. **L'apôtre Jean**
   a. Un disciple qui rêvait d'être à la droite de Jésus-Christ, dans son royaume, le voilà prisonnier à Patmos, une île de 34 km carré. Ap.1 :9
   b. Là, il avait le ciel pour toiture et l'éternité pour horizon. Prisonnier du Seigneur? Oui! Prisonnier de Rome? Jamais! Ap.1 :9
   c. Il y était comme le secrétaire de Jésus-Christ pour rédiger l'Apocalypse.
   d. En effet, Au milieu de toutes ses souffrances, il nous révèle les évènements eschatologiques, les menées de monsieur 666, la torture future des chrétiens, la fin de la planète terre, la fin de Satan, la glorification de l'agneau et de son Eglise. Son dernier message franchit les barrières du temps pour nous atteindre après 2000 ans! Ap.13-11-18 ; 20 :10 ; 21 :1-8

Conclusion

L'amour fraternel est donc une force sacrificielle. Dès aujourd'hui n'offrez jamais aux pécheurs une croix sentimentale. Qu'ils sachent que c'est par beaucoup de tribulations qu'il nous faut entrer dans le royaume des cieux. Jn.16 ; 33 ; Ac.14 :22

Questions

1. Comment définir l'amour dans cette leçon ?
   Une force sacrificielle

2. Comment Jésus nous a-t-il prouvé son amour ?
   En acceptant de souffrir et de mourir pour nos péchés.

3. Comment les apôtres avaient-ils géré la souffrance ?
   a. Pierre et Jean étaient joyeux de subir des outrages pour le nom de Jésus.
   b. Paul et Silas chantaient les louanges du Seigneur dans la prison
   c. Jacques, le frère de Jésus nous invite à regarder les épreuves comme un sujet de joie complète.
   d. Jean se complaisait dans son rôle de secrétaire du Seigneur dans sa prison à Patmos.

4. Quelle est la pire façon de présenter l'Evangile au pécheur?
   Le persuader qu'à la conversion il aura fini avec les souffrances.

Leçon 7
L'amour fraternel, une preuve de conversion

Textes de préparation : Ac.16 : 23-34 ; 20 :24 ; 2Co.5 :17 ; Ja.4 :4 ; 1Jn 2 :15-17 ; 5 :1-12
Versets à lire en classe : 1Jn.2 :15-17
Verset de mémoire : Quiconque croit que Jésus est le Christ est né de Dieu, et quiconque aime celui qui l'a engendré aime aussi celui qui est né de lui. 1Jn.5 :1
Méthodes : discours, comparaisons, questions
But : Montrer que l'amour fraternel est seulement l'affaire des chrétiens.

Introduction
L'amour fraternel est le vrai signe d'identification du chrétien.

I. Il se détache du monde.
1. L'amour du monde est totalement différent de l'amour de Dieu.
2. Si quelqu'un aime le monde, l'amour du Père n'est point en lui. 1Jn.2 :15
   a. L'amour du monde est inimitié contre Dieu. Ja. 4 :4
   b. On peut être religieux sans être chrétien pour autant.

II. Il le prouve par le pardon des offenses
Le cœur est changé. 2Co.5 :17
1. Le bourreau de Paul et de Silas, dans la perspective de sa conversion, les appelle seigneurs et non prisonniers. Ac.16 :31

2. Les apôtres de leur côté, ne lui gardaient pas rancune pour les mauvais traitements infligés dans la prison. Ac. 16 :23-24

III. Il le prouve par une vie de service.
1. Une fois converti, ce geôlier banda les plaies de ces prisonniers qu'il maltraitait auparavant. Ac.16:33
2. Il leur servit à manger chez lui et à ses frais. Ac.16 :34
3. Il se réjouit avec toute sa famille de sa conversion. Ac.16 :34

IV. Il le prouve par son engagement.
1. Après sa formation doctrinale à la classe des catéchumènes, il reçut le baptême chrétien, lui et toute sa famille. Ac.16 : 32-33
2. Retenez que Paul lui-même, après sa conversion, se consacra totalement au service de Dieu au point de dire : « Je ne fais pour moi-même aucun cas de ma vie, comme si elle m'était précieuse. Ce qui m'importe c'est le salut des âmes par l'évangélisation ». Ac.20 :24

V. Il le prouve par l'amour.
Nous savons que nous sommes passés de la mort à la vie, en d'autres termes, que nous sommes sauvés, parce que nous aimons certains frères? Non ! Parce que nous aimons un frère? Non! C'est parce que nous aimons jusqu'au bourreau qui nous maltraite. Ac.16 : 24, 33 ; 1Jn.3 :14

Conclusion

Converti sans maintenir un engagement formel à la cause du maitre est une trahison. Ne soyez pas un traitre.

Questions

1. Comment vérifier la conversion chez un chrétien ?
   a. Par l'amour fraternel qu'il manifeste envers les autres
   b. Par son détachement du monde et son attachement aux choses spirituelles.
   c. Par l'esprit de pardon inconditionnel
   d. Par sa consécration à Dieu et à son service.

2. Comment interpréter une conversion sans engagement à la cause du maitre ? C'est une trahison.

3. Que fit le bourreau de Paul et de Silas après sa conversion?
   a. Il banda leurs plaies et les servit à manger chez lui à ses frais.
   b. Il se réjouit avec toute sa famille d'avoir connu Christ comme son Sauveur.

4. Quelle était la discipline observée par Paul avant le baptême du geôlier? Il l'endoctrina dans la classe des catéchumènes.

Leçon 8
L'amour fraternel, une expression de la famille

Textes de préparation: Ge.2: 8, 28; 19:32-37; Ex.12:1-4; De. 6:6-10; Jos.2:1-18; 6:22-23; Ruth.1: 4; 2S.11:2-5; Ps.11:3; Pr.22:6; Mt. 1:1-17; 11:28; Ac. 10:24; 16:14-31; 2Co.5:16-21; Ep.3: 13-19;1Ti.2:3-4; 1Jn.2: 12-14
Versets à lire en classe: Ge.12:1-3
Verset de mémoire: Paul et Silas répondirent: Crois au Seigneur Jésus, et tu seras sauvé toi et ta famille. Ac.16:31
Méthodes: discours, comparaisons, questions
But: Montrer l'amour fraternel clairement exprimé dans la famille.

Introduction
Il n'y a pas un livre qui traite mieux de la famille que la Bible. Pour le vérifier, partons dès la Genèse.

I. Le plan de Dieu dans la création.
1. Fonder une famille qui soit en relation directe avec lui. Il créa l'homme et la femme avec vocation de peupler la terre. Ge.2:28
2. Il les mit dans un paradis. L'amour est prévoyant. Ge. 1:31
3. A la chute de l'homme, Il envoie Jésus-Christ pour reconstituer les familles de la terre et prévoir pour elles le ciel, le paradis de Dieu. L'amour est patient. 2Co.5:19

II. Le plan de Dieu dans le salut des familles.

En vue de la sortie d'Egypte, Il prévoit le salut de chaque famille des hébreux par le sacrifice de l'agneau pascal. Ex.12:1-4

1. Il sauva Rahab, une prostituée ainsi que sa famille. Jos. 2:18; 6:23
2. Lydie une païenne commerçante de la Macédoine, a cru et fut baptisée, elle et sa famille. Ac. 16: 14-15
3. Le geôlier de la prison romaine crut au Seigneur Jésus et fut sauvé lui et sa famille. Ac.16: 31
4. Corneille, le capitaine de l'armée romaine, crut avec toute sa famille. Ac.10 :24
5. Jésus appelle tous les pécheurs pour en former une grande famille. Mt. 11 :28

III. Ses raisons pour la fondation des familles.

1. Il veut que tous soient sauvés. 1Ti.2 :3-4
   De grands pécheurs étaient comptés parmi ses ancêtres, notamment:
   a. Rahab une prostituée professionnelle. Jo.2:1-2 ; Mt.1 :5-6
   b. Ruth une moabite, femme idolâtre et incestueuse. Ge.19 :32-37; Mt.1 :5
   c. Bath-sheba, la femme d'Urie, coupable d'adultère avec le roi David. 2Sa.11 :2-5
2. Il veut que tous le reconnaissent comme Père. 1Tim 2 :3-4
   a. C'est pourquoi il charge les parents d'instruire les enfants dans la parole. De. 6 :6-10 ; Pr.22 :6

Cependant, si la famille, le fondement de la société est renversée, notre sort est compromis. Ps.11 :3

Conclusion

Aimez la famille, le centre de la paix et de l'amour. Protégez-la, car Dieu est le Dieu de la famille.

Questions

1. Comment définir l'amour fraternel dans cette leçon ? Comme une expression de la famille
2. Où trouvons-nous la meilleure application de la famille ? Dans la Bible
3. Qu'y trouvons-nous ?
   a. Le plan de Dieu dans la création de la planète terre
   b. Le plan de Dieu dans le salut de la famille
   c. Ses raisons pour la fondation de la famille.
4. Pourquoi créa t-il cette planète ?
   Pour y mettre l'homme et fonder une famille pour Dieu sur la planète
5. Que fit-il pour racheter l'homme après son péché ?
   Il prévoit son salut par le sacrifice de l'agneau.
6. Qui était compris dans cette famille ? Donnez en des exemples
   Tous: prostituées, adultères, criminels, militaires voleurs, commerçants ainsi que vous et moi.

7. Pourquoi Jésus a-t-il compris tous ces gens dans sa généalogie ? Parce qu'il veut sauver tout le monde.

Leçon 9
L'amour fraternel, la voie de la perfection

Textes de préparation : Jn.1 :29 ; 2 :16 ; Ro.3 : 23-24 ; 6 :23 ; Col.3 : 13 ; He.10 :14 ; 1Jn.5 :1-19
Verset à lire en classe : 1Jn.3 :14-19
Verset de mémoire : Nous avons connu l'amour en ce qu'il a donné sa vie pour nous ; nous aussi, nous devons donner notre vie pour les frères. 1Jn.3 :16
Méthodes : discours, comparaisons, questions
But : Accentuer le ministère de réconciliation parmi nos frères.

Introduction
L'apôtre Jean parle des chrétiens qu'il appelle « les enfants de Dieu ». Comment le sommes-nous devenus et à quoi peut-on le reconnaitre?

I. L'œuvre de Dieu pour nous adopter
Tous les fils d'Adam sont appelés « le monde », totalement soumis à la puissance du malin. 1Jn.5 :19
1. Dieu a un seul Fils qu'il sacrifia pour le salut des fils d'Adam. Jn.3 :16
2. Il l'envoie pour « payer par un seul chèque » la dette de tous les péchés du monde.
   Jn.1 :29 ; He.10 :14
3. Ce chèque, c'est le sacrifice de sa vie pour notre salut. Jn.3 :16
4. Son sang versé sur la croix était le seul capable de satisfaire la justice de Dieu.
   Ro.3 :23-24 ; 6 : 23
   5. Dès lors, Dieu a fait de nous ses fils, donc cohéritiers de Jésus-Christ. Ro. 8 :15-17

6. Christ n'est donc plus le Fils unique, mais l'ainé entre plusieurs frères. Ro 8 :29
7. C'est pourquoi il n'a pas honte de nous appeler frères. He.2 :11
8. Voyez quel amour le Père nous a témoigné pour que nous soyons appelés enfants de Dieu ! Et nous le sommes ! 1Jn.3 :1

II. **Notre réaction légitime à ce sacrifice**
1. Nous devons suivre sa discipline pour ne plus pécher. 1Jn3 : 6
2. Nous devons pardonner à nos frères comme Dieu nous a pardonné en Christ. Col.3 :13
3. Nous devons aimer nos frères même s'ils ne sont pas aimables. 1Jn.3 :14
4. Nous devons les supporter même s'ils sont insupportables. 1Jn.3 : 17

Conclusion
Rappelons-nous que notre frère est une photocopie de Christ qu'il nous faut aimer et respecter. Faisons de notre mieux pour éviter les reproches du Seigneur.

Questions

1. Comment définir l'amour fraternel dans cette leçon ? C'est la voie de la perfection.

2. Comment l'apôtre Jean nous dénomme-t-il dans son épitre ? Enfants de Dieu

3. Combien d'enfants Dieu a t-il ? Un seul

4. Qui sont les fils d'Adam ? Des créatures de Dieu.

5. Comment peut-on devenir enfant de Dieu ?
   En acceptant Jésus-Christ comme sauveur personnel. Dieu alors nous adopte comme ses fils.

6. Comment réagir au sacrifice de Jésus-Christ pour notre salut?
   a. Nous devons suivre sa discipline pour ne plus pécher.
   b. Nous devons pardonner à quiconque nous offense.
   c. Nous devons aimer et supporter tout le monde.

Leçon 10
La charte de l'amour

Texte pour la préparation : Mt.11 :29 ; Lu.5 :20 ; Jn. 8 : 36-46 ; 14 :30 ; 14 :3 ; Ro.5 :8 ; 1Cor. 13 :1-13 ; Ph.2 :5-8 ; 2Pi.3 :9 ; 1Jn. 4 :7 ; 5 :8
Versets à lire en classe : 1Co.13 :4-8
Verset de mémoire : L'amour est patient, il est plein de bonté ; l'amour n'est point envieux, il ne se vante point, il ne s'enfle point d'orgueil. 1Co.13 :4
Méthodes : discours, comparaisons, questions
But : présenter l'amour parfait, le modèle à imiter.

Introduction
L'amour, c'est un thème éternel, inépuisable mais souvent mal défini. Qu'il ne soit pas confondu avec les dons. A Dieu ne plaise! Faisons parler l'apôtre Paul.

I. Définitions
1. **Ce qu'il n'est pas:**
    a. L'aumône appelée communément charité. Elle peut accompagner l'amour mais elle ne l'est pas.1Co. 13:3
    b. L'exercice de nos dons n'est pas forcément l'amour.
2. **Ce qu'il est**
    a. L'amour c'est l'expression de Dieu lui-même. 1Jn.5 :8
    b. Dieu n'aime pas à cause de, mais en dépit de. Il nous le prouve par le sacrifice vivant de Jésus-Christ à notre place. Ro.5:8

II. L'exemple de Jésus-Christ

1. Son amour est patient et plein de bonté. 2Pi.3 :9
2. Il n'est point envieux. Il partagera sa gloire avec nous. Jn.14 :3
3. Il ne se vante point ; il ne s'enfle pas d'orgueil. Il s'est humilié jusqu'à la mort la plus honteuse pour nous sauver. Ph.2 : 5-8
4. Il ne fait rien de malhonnête. Satan n'a rien en lui à réclamer. Jn.8 :46 ; 14 :30
5. L'agneau est doux et humble. Mt. 11 :29
6. Il ne soupçonne point le mal. Au contraire, sans poser de question, il vous dit : « Tes péchés te sont pardonnés. » Lu.5 :20
7. Ainsi il excuse tout. Il croit tout, il supporte tout sans gémir à cause de nous. 1Co.13 :7.
8. Il ne se réjouit point de l'injustice mais se réjouit de la vérité. Jn.8 :32
9. L'amour ne peut périr car Dieu est amour. L'amour est de Dieu. 1Co.13 : 8 ; 1Jn.4 :7

Conclusion

Notre amour ne peut être réel et sincère s'il n'a pas sa source dans l'amour de Dieu. Aimons-nous mes frères.

Questions

1. A quoi ne pas confondre l'amour ?
   A l'aumône, à l'exercice des dons

2. Comment définir l'amour ?
   L'amour c'est Dieu-lui-même.

3. Comment Dieu nous aime-t-il ?
   En dépit de nos défauts.

4. Donnez les exemples de Jésus-Christ dans la manifestation de son amour :
   Il est patient, humble, bon, doux. Il nous pardonne tout.

5. Comment pouvons-nous manifester un amour fraternel sincère ? En imitant Jésus-Christ.

Leçon 11
L'amour conjugal

Textes pour la préparation : Ge.2 :22-24 ; 24 :4-6,67 ; Mt. 7 :12 ; 1Co.13 :1-9; Ep.5 :1-33 ; 1Pi.3 :1-9
Verset à lire en classe : 1Pi.3 :1-9
Verset de mémoire : Du reste, que chacun de vous aime sa femme comme lui-même, et que la femme respecte son mari. Ep.5 :33
Méthodes : discours, comparaisons, questions
But : Découvrir le secret d'un mariage heureux

Introduction
Dire à une personne : «Je t'aime de tout mon cœur» est un théorème à démontrer.

I. Dans les temps bibliques
1. Le patriarche choisit la fiancée pour son fils. Ainsi Isaac se lia à Rebecca et ne l'aima qu'après le mariage. Ge.24: 4-6, 67
2. Dieu choisit Eve pour Adam. A cette époque le divorce était ignoré. On s'aimait et on se liait pour le meilleur et pour le pire. Ge.2 :22-24

II. Dans les temps modernes
On en vient avec une déclaration d'amour que l'on va démontrer avant et pendant la vie conjugale.
Les gens vicieux s'engagent par le concubinage ou **« plaçage »** parce que tôt ou tard ils vont se **déplacer** pour voler vers d'autres conquêtes.

III. **L'amour à une échelle supérieure**
   1. Il surpasse la connaissance. 1Co. 13:2
   2. Il surpasse l'éloquence. 1Co.13 : 1
   3. Il surpasse la bienfaisance. 1Co.13 :3
   4. Il surpasse les actes d'héroïsme. 1Co.13 :3

IV. **La vraie définition de l'amour:**
   1. C'est la patience du mari pour supporter sa faible femme.1Pi.3 : 7
   2. C'est l'adaptation de la femme à un mari limité dans son éducation. Ainsi l'amour ne s'irrite point. Il est plutôt patient. 1Pi.3 :1
   3. C'est le support moral au partenaire dans son travail au lieu d'en être jaloux. Ep.5 :22
   4. C'est la bienveillance envers le coupable. Ep.5 :22
   5. C'est l'effort d'agir de manière à préserver la réputation du couple.
   6. C'est « Traitez les autres comme vous voudriez être traité » Mt.7 :12

      a. Ainsi vous n'allez pas abuser de la confiance de votre partenaire en cherchant à le tromper.
      b. Vous n'allez pas prendre sa générosité pour de la naïveté.
      c. Vous n'allez pas exploser s'il vous demande d'éclairer un point de vue. Ja.1 :20
      d. En excusant votre maladresse, votre incompréhension ou vos erreurs, votre partenaire fait montre de sagesse et non de faiblesse.

Remarques :
1. Si le verset 7 était strictement observé par les gens mariés, le divorce serait banni. On aurait le paradis sur terre.
2. L'amour est éternel. Dieu est amour. 1Jn.5 :8
3. Toutes les fois que nous appliquons 1Co. 13, « nous partageons Dieu » avec nos semblables.

Conclusion
La bible est le miroir à travers lequel nous pouvons découvrir le Dieu d'amour. Un jour, nous le verrons face à face. En attendant, aimons-nous d'un amour fraternel sincère. 1Pi.1 :22

Questions

1. Comment interpréter l'expression « je t'aime de tout mon cœur » ? Un théorème à démontrer.

2. Comment procédait-on au mariage dans les temps bibliques ?
   Le patriarche choisit la fille pour son fils.

3. Comment procède-t-on aujourd'hui ?
   Les partenaires font leur choix.

4. Quel était le terme inconnu dans les temps bibliques ? Le divorce

5. Comment définir l'amour par excellence ?
   Il est supérieur à la connaissance, à l'éloquence, à la bienfaisance et à tous les actes d'héroïsme.

6. Quelle est la règle d'or à observer dans le mariage ?
   Traiter l'autre comme vous voudriez être traité.

Leçon 12
L'amour au mode transitif direct

Textes pour la préparation: Mt. 25: 31- 46; Mc.8:36-37; Jn.17:20; Ac.2:39; Ro 3:23; 5:8; 6:23; 2Co.5:21; Ep.2:8

Verset à lire en classe: Mt. 25 : 40-46

Verset de mémoire: Je vous le dis en vérité, toutes les fois que vous avez fait ces choses à l'un de ces plus petits de mes frères, c'est à moi que vous les avez faites. Mt.25:40

Méthodes: discours, comparaisons, questions

But: Montrer l'obligation des sauvés envers leurs frères.

Introduction

Par amour, Dieu a tout dépensé pour nous sauver. Comment pourrons-nous lui repayer notre dette?

I. **Notre condition de perdus et de rachetés**
   1. Tous ont péché et sont privés de la gloire de Dieu. Ro.3 :23
   2. Le salaire du péché c'est la mort. Ro.6 :23
   3. Mais Dieu prouve son amour envers nous en ce que lorsque nous étions encore des pécheurs, Christ est mort pour nous. Ro.5 :8 ; 2Co.5 :21

II. **L'évaluation de notre dette**
   1. L'argent de tous les milliardaires du monde ne peut payer la moitié d'un ticket pour le voyage d'une âme au ciel. Mc.8 : 36-37
   2. Avec un seul chèque signé avec son sang sur le bois du Calvaire, Jésus a payé la dette de nos péchés et a fait provisions pour le salut de

tous ceux qui croiront en lui par notre message. Jn.17 :20 ; Ac .2 :39

III. **La reconnaissance de notre dette**
Jésus ne nous demande pas de la repayer puisque c'est un **don immérité** de Dieu. Ep.2 :8
Cependant, il attend de nous une portion de la dette en trois versements:
1. Le premier versement **en devoir** : c'est d'aller prêcher l'Evangile aux perdus. Mc.16 :15
2. Le deuxième versement **en argent**: Ce sont nos dîmes et nos offrandes **déposées devant lui** et qu'il **contrôle** sur place. Mc.12 : 41
3. Le troisième versement **en service** : c'est de verser une portion de la balance aux personnes suivantes. Mt.25 :40-44
   a. Les affamés : ce sont les chômeurs et les nécessiteux.
   b. Les assoiffés : les gens sans défense et qu'on abuse.
   c. Les étrangers : ce sont les immigrants. Ils ont besoin d'orientation et d'être accueillis sans discrimination.
   d. Les dégueunillés : Ce sont les pauvres et les victimes d'avilissement.
   e. Les malades : physiques, psychologiques, ou spirituels.
   f. Les prisonniers : Les gens sans réputation, sans identité et sans droit dans la société.

Jésus les appelles « les plus petits de ses frères » rachetés au même prix que nous. Nous ne leur faisons pas une faveur ; nous ne faisons que leur remettre, au nom de Jésus-Christ, une partie de la balance que nous lui devons. Autrement, notre dette restera tout entière et Jésus nous enverra en enfer comme des débiteurs de mauvaise foi. Mt. 25 : 41 ; Mc.10 : 21-25

Conclusion

Mon bien-aimé, payez votre dette. Les bons comptes font les bons amis.

Questions

1. Que devons-nous à Christ pour notre salut?
   Une dette incalculable

2. Que nous demande-t-il en retour ?
   a. De prêcher sa parole
   b. De reverser aux nécessiteux le surplus des grâces reçues de lui.

3. Comment Jésus les appelle-t-il ?
   Les plus petits de ses frères.

4. Qu'arrive-t-il à ceux qui le négligent ?
   Ils restent redevables au Seigneur

5. Quel sera leur sort ? Il les enverra au feu éternel

6. Comment les riches pourront-ils contribuer au salut des âmes ? Tout leur argent ne pourra suffire même pour le salut d'une âme.

Récapitulation des versets

1. L'amour de Dieu a été manifesté envers nous en ce que Dieu a envoyé son Fils unique dans le monde, afin que nous vivions par lui.1Jn.4 :9

2. Donne à quiconque te demande et ne réclame pas ton bien à celui qui s'en empare. Lu.6:30

3. Si vous pardonnez aux hommes leurs offenses, votre Père céleste vous pardonnera aussi. Mt.6 :14

4. Que l'amour soit sans hypocrisie. Ayez le mal en horreur ; attachez-vous fortement au bien. Ro.12 : 9

5. Ils étaient chaque jour ensemble assidus dans le temple, ils rompaient le pain dans les maisons, et prenaient leur nourriture avec joie et simplicité de cœur. Ac.2 :46

6. C'est pourquoi je me plais dans les faiblesses, dans les outrages, dans les calamités, dans les persécutions, dans les détresses, pour Christ ; car, quand je suis faible, c'est alors que je suis fort. 2Co.12 :10

7. Quiconque croit que Jésus est le Christ est né de Dieu, et quiconque aime celui qui l'a engendré aime aussi celui qui est né de lui. 1Jn.5 :1

8. Paul et Silas répondirent: Crois au Seigneur Jésus, et tu seras sauvé toi et ta famille. Ac.16:31

9. Nous avons connu l'amour en ce qu'il a donné sa vie pour nous ; nous aussi, nous devons donner notre vie pour les frères. 1Jn.3 :16

10. L'amour est patient, il est plein de bonté ; l'amour n'est point envieux, il ne se vante point, il ne s'enfle point d'orgueil. 1Co.13 :4

11. Du reste, que chacun de vous aime sa femme comme lui-même, et que la femme respecte son mari. Ep.5 :33

12. Je vous le dis en vérité, toutes les fois que vous avez fait ces choses à l'un de ces plus petits de mes frères, c'est à moi que vous les avez faites. Mt.25:40

Feuille d'évaluation

1. Quelle partie de ces 12 leçons vous a le plus touché?
   a. Pour vous-même ?
   _____

   b. Pour votre famille?
   _____

   c. Pour votre Eglise?
   _____

   d. Pour votre pays?
   _____

2. Quelle est votre décision immédiatement après la classe?
   _____

3. Quelles sont vos suggestions pour l'Ecole du Dimanche :
   a._____
   b._____
   c._____

5. Questions purement personnelles :

   a. Quelle est ma contribution pour le développement de cette Eglise?_____

   b. Quel effort ai-je fait jusqu'ici pour améliorer sa condition?_____

   c. Si Jésus vient maintenant, serai-je fier des fruits que j'aurai à lui présenter?_____

Tome 14-Série 2

Petros et Petra

Avant-propos

Comment Pierre aurait-il pu supporter une comparaison entre lui et son maitre, quand il connait bien ses erreurs grossières durant ses trois ans de séminaire au pied du Seigneur? Et si cette comparaison était nécessaire, quel en serait le profit pour nous, sinon de reconnaitre, qu'en des circonstances moins tragiques, nous renions Jésus, surtout quand nos intérêts personnels sont en jeu ? « Petros et Petra », cette série arrive à temps. Mes amis, la table est servie.

Pasteur Renaut Pierre-Louis

Leçon 1
L'ambition de Pierre

Textes pour la préparation : Mt.17 :24-27 ; 19 :13-30 ; Mc.10 :13-31 ; Jn.18 : 10-11 ; Act.1 : 3-7
Versets à lire en classe : Mc.10 :28-31
Verset de mémoire : Pierre, prenant la parole, lui dit : Voici, nous avons tout quitté et nous t'avons suivi; qu'en sera-t-il de nous? Mt.19 :27
Méthodes: discours, discussion, comparaisons, questions
But : Déceler le mobile de la persévérance de plusieurs.

Introduction
Le jeune homme riche venait à peine de partir que Pierre posa une question brûlante au Seigneur: « Nous avons tout quitté et nous t'avons suivi, qu'en sera-t-il de nous? » Mt.19 : 22, 27 Voyons :

I. Le rêve de Pierre
1. **Pour son pays** :
   Tout juif de l'époque rêvait au rétablissement du royaume d'Israël dans sa splendeur Salomonique. Ac. 1 :3-7
   Pour cela il faut:
   a. Qu'Israël soit indépendant du joug romain et dirigé par un roi indigène.
   b. Qu'un Messie militaire et politique libère son pays. Vous comprenez pourquoi Pierre était toujours armé, prêt pour un soulèvement. Jn.18 : 10-11
   c. Qu'il soit libéré des taxes excessives. Mt.17:24

2. **Le rêve de Pierre pour lui-même**
      a. Une situation plus rentable que la pêche au filet. Lu.5 : 4
      b. Il espérait tout cela de Jésus. Aussi laissa-t-il tout pour le suivre Lu.5 :11

II. **Ses rêves dévoilés**
   1. Jésus vient de bénir sans frais beaucoup d'enfants. Mc. 10 : 13, 16
      a. En apprenant cette nouvelle, un jeune homme riche courut se jeter à ses pieds pour en obtenir gratuitement. Mc.10 : 17
      b. Cependant, les conditions de Jésus le rebutaient. Il n'était pas d'avis de vendre ses biens pour les donner aux pauvres. Pourtant *le troc de La Vie Eternelle contre ces biens à distribuer aux pauvres* était un marché qu'il ne fallait pas du tout refuser. Néanmoins, il était reparti tout triste. Mc.10: 21-22
      c. La vie éternelle pour lui c'était de ne jamais mourir pour avoir le temps de jouir de tous ses biens. Mc.10 :22-25
   2. La réponse de Jésus à l'homme riche glaçait les disciples car ils pensaient pareillement.
      Ils furent troublés quand il leur révéla les difficultés pour entrer dans le ciel.
      Mc.10 :24-25

III. **La déception de Pierre**
   Pour lui et ses collègues, ils avaient fait mieux: Ils avaient tout quitté pour suivre Jésus. Parlant au nom de tous, il voulut en savoir le profit.
   Mt.19 :17

1. Jésus leur offrit cent fois plus, mais avec des persécutions. Mc.10 : 30
2. Il leur faudra ensuite persévérer jusqu'à la fin. Mt.19: 30

Conclusion

Pierre et ses confrères restèrent insatisfaits de cette réponse. Et vous? Suivez-vous le Seigneur dans le but de gagner des richesses ici-bas? Gare aux surprises désagréables! Mc.10:33

Questions

1. Quelle était l'ambition de Pierre ?
   a. Le rétablissement du royaume d'Israël
   b. Une situation économique favorable pour lui-même

2. Pourquoi nourrissait-il cette ambition ?
   a. Pour avoir son pays libre et indépendant
   b. Pour ne plus payer de fortes taxes à l'Etat

3. Qu'est-ce qui fait croire à tout cela ?
   Pierre était toujours armé, prêt pour un soulèvement.

4. Comment ses rêves furent-ils dévoilés?
   Quand Jésus posait les conditions pour arriver au ciel.

5. Pourquoi Pierre était-il déçu ?
   C'était parce qu'il pensait comme l'homme riche. Il était d'accord de suivre Jésus, pourvu qu'il devienne riche.

6. Qu'est ce qui importe au Seigneur ?
   Qu'on le suive fidèlement jusqu'au bout.

Leçon 2
L'ambition de Pierre avortée

Texte pour la préparation: Mt.14 :22-33; Mc.6: 45-52 ; Lu.22 :54-62 ; Jn.21 : 1-19
Versets à lire en classe : Lu.22 :54-62
Verset de mémoire : Pierre répondit : homme, je ne sais pas ce que tu dis. Au même instant, comme il parlait encore, le coq chanta. Lu.22 : 60
Méthodes : discours, comparaisons, questions
But : montrer comment l'obstination aveugle.

Introduction
Qu'il est difficile de changer d'avis quand on est déjà gagné par des idées préconçues! Dans quelle mesure peut–on dire que Pierre était sincère? Il fallait donc voir tout d'abord :

I. **Son attitude face aux miracles de Jésus-Christ**.
   1. Comme les autres disciples, il n'avait pas compris le miracle des pains, parce que son cœur était endurci. Mc. 6 :52
   2. Qui pis est, à la vue d'une forme humaine marchant sur les eaux à la quatrième veille de la nuit, c'est-à-dire entre 3 heures et 6 heures du matin, il prit Jésus pour un fantôme. Quoique Jésus se fût identifié, Pierre lui dit :
   « Si c'est toi, ordonne que j'aille vers toi sur les eaux. » Mt.14 :28
   PIERRE MARCHA SUR LES EAUX !
   Cependant quand il vit que le vent était contraire, il commençait à enfoncer. Il ignorait qu'avant

l'arrivée du problème, Jésus en avait déjà la solution. Mt. 14 : 27-32

II. **Ensuite, son attitude face aux opposants de Jésus-Christ**
Pendant ses trois ans d'étude théologique, il n'avait jamais pris position pour le Seigneur. En effet :
1. Les pharisiens accusaient Jésus de liaison avec des démons, Pierre n'en disait rien. Mt.12 : 24
2. Des huissiers cherchaient à se saisir de Jésus, Pierre n'en fit rien. Jn.7 :30
3. Il fit un acte de fanfaronnade en coupant l'oreille de Malchus. Pur fanatisme. Jn.18 :10-11
4. Plus tard, il renia son maitre devant des gens de rien. Un regard de Jésus suffisait à lui rappeler sa fausse promesse et sa lâcheté. Lu.22 :61

Conclusion
Pierre était un impressionniste. Garde-nous ô Dieu de l'imiter !

Questions

1. Quelle était l'attitude de Pierre à l'égard des miracles de Jésus ?
   a. Son cœur était endurci.
   b. Il prit Jésus pour un zombi.
   c. Il doutait de lui.

2. Quelle était son impression de la multiplication des pains ? Il prit Jésus pour un magicien.

3. Quelle était son attitude face aux opposants de Jésus ?
   a. Il gardait le silence.
   b. Il agissait en fanfaron.

4. Comment prouver son manque de sincérité ?
   Il renia Jésus trois fois devant des gens de rien.

Leçon 3
La limitation de Pierre

Textes pour la préparation : Mt.5 :44 ; 16 :21-23 ; 26 :51-56 ; Lu.22 : 21-51 ; Ac.5 : 17-25 ; 12 :1-11 ; 1Co.10 : 10-13
Versets à lire en classe : Lu.22 :31-34
Verset de mémoire : Ainsi donc que celui qui croit être debout prenne garde de tomber. 1Co.10 :12
Méthodes : discours, comparaisons, questions
But : Expliquer les causes de la chute de Pierre.

Introduction
Jésus vient d'avertir Pierre de son échec certain dans l'examen final après ses trois ans d'étude. Il a refusé entièrement de l'admettre. Comment Jésus va-t-il l'en convaincre?

I. **Satan l'a réclamé.**
   Satan voulait revendiquer sur Pierre des droits légitimes : En dépit de son baptême de repentance, sa connaissance théologique, ses succès en classe, il n'avait pas la vocation d'un vrai disciple. Lu.22 :31
   1. Pierre voulait d'un Messie politique en vue de l'établissement d'un gouvernement terrestre, mais pas d'un Christ, sauveur du monde. Poussé par Satan, il voulait même déconseiller Jésus d'aller à la croix. Jésus l'a dénoncé. Mt.16 : 21-23
   2. Dans son amour pour les choses de la terre, il ressemblait plus à un disciple de Satan.
   3. Jésus ne pouvait nier ces preuves avancées par le malin. La seule chose qu'il pouvait faire, était de prier pour la repentance de Pierre après sa chute prochaine.

4. Pour la première fois, Jésus était obligé de lui dire en fait, **qu'il n'était pas converti**, comme ses confrères d'ailleurs. Lu.22 :32

II. **La présomption de Pierre**
 1. Il se croyait prêt à aller en prison et même à la mort pour son maitre. Lu.22 : 33
 2. Il ignorait que la connaissance de tous les versets de la bible supportée par un diplôme de théologie, ne peut préserver personne de la chute. Il faut pour tenir, le souffle de l'Esprit Saint qu'il n'avait pas encore reçu. Jn.7 :39
 3. En effet, pour défendre Jésus, il coupa l'oreille de Malchus, le serviteur du souverain sacrificateur. Jn.18 :10
 4. Il devait être troublé et déçu quand Jésus guérissait ce malfaiteur de sa blessure. Lu.22 :51
 Il oubliait que Jésus condamne la violence et la vengeance. «Aimez vos ennemis» leur enseignait-il. Mt. 5 :44
 5. Trompé dans son attente, il abandonna le Seigneur; les autres disciples suivirent son exemple. Mt.26 :51, 56

Nous verrons plus tard que Pierre devait être par trois fois libéré de prison par le Seigneur.
Ac. 4 :3, 23 ; 5 :17-25 ; 12 :1-11

Conclusion
Ne soyons pas présomptueux. L'humilité est l'arme de choix dans les combats de la vie.

Questions

1. Pourquoi Satan avait-il réclamé Pierre?
   a. Pierre n'était pas converti.
   b. Il prenait Jésus pour un messie politique et non comme sauveur.
   c. Satan entra en lui en vue de déconseiller le Seigneur d'aller à la croix et mourir pour nos péchés.

2. A quoi Jésus était-il réduit dans le cas de Pierre ?
   A prier pour sa repentance après sa chute

3. Quelle était la présomption de Pierre ?
   a. Il croyait dans son diplôme de théologie pour sa protection contre les attaques du malin.
   b. Il croyait pouvoir défendre Jésus avec une force charnelle.

4. Comment a-t-il failli ?
   a. Il était découragé parce que Jésus a préféré guérir Malchus.
   b. Il a abandonné le Seigneur.

5. Qu'est-ce-qui manquait à Pierre en ce temps-là?
   La puissance du Saint-Esprit

Leçon 4
La chute de Petros

Textes pour la préparation : Ps.1 :1-6 ; Mt. 5 :21 ; 26 :69-75 ; Lu.22 :54-62 ; Jn.15 :1-8 ; 18 :18
Versets à lire en classe : Lu.22 :54-62
Verset de mémoire : Le Seigneur s'étant retourné regarda Pierre. Et Pierre se souvint de la parole que le Seigneur lui avait dite : Avant que le coq chante aujourd'hui, tu me renieras trois fois. Lu.22 :61

Introduction
C'était plutôt une cascade de chutes à la fin desquelles Pierre pleurait comme un enfant gâté.

I. **Première chute** :
Il tirait l'épée pour défendre le Dieu Tout-Puissant, le créateur du ciel et de la terre, celui qui disait : 'Tu ne tueras point.» Mt.5 :21 ; Jn.18 :10-11

II. **Deuxième chute** :
 1. Il suivait Jésus à distance. Lu.23 :54
 2. Il suffit d'un simple détachement du Seigneur pour occasionner sa chute. Il l'avait signifié aux disciples : « Si le sarment ne demeure attaché au cep, il sera jeté dehors et il sera desséché ». Jn.15 :4, 6

III. **Troisième chute** :
 1. Il s'assied en compagnie des moqueurs pour se chauffer.
 2. Vous n'avez pas besoin de boire, de fumer ou de jouer au hasard avec le monde pour lui

ressembler. Il suffit seulement de le fréquenter. Ps.1 : 1 ; Jn.18 :18

IV. **Quatrième chute :**

Il niait le Seigneur avec serment consécutivement devant deux servantes. Mt.26 :69-71

Pierre n'était pas en présence de la force musclée; et pourtant une domestique pouvait l'intimider.

V. **Cinquième chute :**

Il niait son maitre devant des tapageurs. Il les injuriait parce qu'ils ont découvert son origine à partir de son accent. Mt. 26 :73-74

Entre-temps, le coq chanta. Ce cri résonnait fort dans sa conscience. Mt.26 :74

VI. **Sixième chute :**

Le Seigneur, s'étant retourné, regarda Pierre. Il voulait ainsi lui dire : « Je te l'avais prédit ».

Au lieu de reprendre courage, Pierre se sentait désarmé. Il sortit et pleura amèrement. Il a perdu la foi. Lu.22 :62

Conclusion

C'était la fin de **Petros**, le petit caillou mais pas la fin de **Petra**, Jésus, le Messie, le rocher immuable. Jésus est notre parachute avant l'arrivée de notre chute. Faisons-lui confiance.

Questions

1. Citez le six chutes de Pierre en un seul jour.
   a. Il tira l'épée pour défendre Jésus.
   b. Il suivait Jésus de loin.
   c. Il s'assied en compagnie des moqueurs.
   d. Il nia de connaitre son maitre.
   e. Il injuriait les tapageurs qui voulurent le dénoncer.
   f. Il avait préféré sortir pour pleurer sur sa lâcheté au lieu de se convertir.

2. Quelle était la cause première de sa chute ?
   Il suivait le Seigneur à distance.

3. Quelle était la prescription du Seigneur qu'il devrait observer ?
   Celle de rester attaché au maitre comme le sarment au cep.

4. Que voulait dire le regard du Seigneur au disciple ?
   « Je sais que vous n'aurez pas la force de tenir ».

5. Quelle différence faites-vous entre Petros et Petra ?
   Petros est une petite pierre ; Petra est un rocher massif.

Leçon 5
Pierre, pêcheur d'hommes

Textes pour la préparation : Lu.5 :1-11 ; Jn. 10 :28 ; 21 :1-19 ; Ac.2 :37-41 ; 3 :6-9 ; 4 :4 ; 6 :7 ; Ap.7 :3-8
Versets à lire en classe : Jn.21 : 1-12
Verset de mémoire : Alors Jésus dit a Simon : « Ne crains point ; désormais tu seras pêcheur d'hommes. » Lu. 5 :10b
Méthodes : Discours, discussion, questions
But : Montrer comment Dieu établit un plan de travail pour chaque chrétien dès sa conversion.

Introduction
Trois ans de cela, Jésus avait promis de faire de Pierre un pêcheur d'hommes. Le moment est venu. Allons, nous aussi, à cette pêche. Lu.5 :10

I. Introduction de la partie de pêche.
1. Peu après sa résurrection, Jésus apparut au bord de la mer de Tibériade où Pierre et quelques disciples le rencontrèrent sans rendez-vous. Jn.21 :3-4
2. Il les aborda en les appelant « enfants ». Sans nul doute, il se fit passer pour un vieillard. C'était une façon pour ne pas révéler trop tôt sa vraie identité. Jn.21 :5
3. Mais quand il leur ordonna de jeter le filet, sur le côté droit de la barque, ils pêchèrent **153** grands poissons. Et le filet ne se rompit point comme jadis! A ce moment Jean s'écria : « C'est le Seigneur ! » Lu.5 :6 ; Jn.21: 6,10-11

II. **La valeur symbolique des 153 grands poissons.**
1. Le filet de la bonne éducation, de l'expérience et des artifices ne peut sauver une âme. Il sera tôt ou tard déchiré. Lu. 5 : 5-6
2. Jésus seul garantit la sécurité éternelle du croyant. Jn.10 :28 ; Ac. 4 :12
3. Ce chiffre n'est pas un effet du hasard : Si nous décomposons le nombre 153, nous avons: 144 + 6 + 3 = 153
   a. **Cent-quarante-quatre** est le nombre symbolique pour représenter les douze tribus d'Israël. Ap.7 : 3-8
   b. **Six** est le chiffre symbolique de la capacité humaine.
   c. **Trois**, le symbole de la Trinité.
   Au total, la capacité humaine de Pierre (6) au service de la Sainte Trinité(3) amènera les juifs (144) à la conversion. Jn.21 : 6,11
   En effet, Pierre était nommé l'apôtre des Juifs. Ga.2 :8

III. **La valeur réelle des 153 grands poissons.**
Pierre va utiliser la nasse de l'Evangile pour gagner des milliers à Christ.
1. Première pêche : 3000 juifs convertis à la prédication de Pierre. Act. 2 : 37-41
2. Deuxième pêche :
   Le nombre des disciples s'augmenta jusqu'à près de 5000 à la suite de la guérison d'un boiteux de naissance devant le temple Jérusalem. Act. 3 :6-9 ; 4 : 4
3. Troisième pêche :
   Une foule de sacrificateurs renoncèrent à la Loi de Moise et au Sabbat Juif pour accepter Jésus comme sauveur personnel. Act. 6 :7

Conclusion

Avant d'aller à la « pêche » des âmes perdues, rappelons-nous que le succès n'est pas dans la nasse de la connaissance ou de l'expérience, mais en Jésus le Maitre de la moisson des âmes, le Maitre du temps et de l'espace.

Questions

1. Où Jésus avait-il rencontré les disciples pour la troisième fois après sa résurrection ?
   Au bord de la mer de Tibériade.

2. Dans quelle façon s'était-il présenté ?
   Sans doute dans le style d' un vieillard.

3. Comment le savons-nous?
   Il appelait les disciples «mes enfants»

4. Comment expliquer sa présence en ce lieu en même temps que les disciples ? Il est Dieu.

5. Trois ans auparavant, les filets se rompaient entre les mains de Pierre. Aujourd'hui non. Pourquoi ?
   a. L'homme naturel ne peut sauver une âme.
   b. La sécurité éternelle vient de Jésus seul.

6. Que représente le chiffre 153 ?
   3 c'est le chiffre de la Trinité ; **6**, le chiffre de l'homme et **144** le symbole de la nation juive.

7. Que représentent les 153 grands poissons?
   La conversion des milliers de juifs et même des sacrificateurs

8. Qui devint l'apôtre des juifs ? Pierre

Leçon 6
Pierre sous le marteau des persécutions

Textes pour la préparation: Ps 34 :8 ; Mc.10 :30-32 ; Ac. 3 :19 ; 4 :2-36 ; 5 : 17-42 ; 12 : 1-25 ; 1Pi.2 : 21
Verset à lire en classe : Ac.12 :1-10
Verset de mémoire : L'Ange de l'Eternel campe autour de ceux qui le craignent et il les arrache au danger. Ps.34 :8
Méthodes : discours, comparaisons, questions
But : Montrer que le ciel est à l'écoute de nos urgences.

Introduction
Et voilà les disciples sous le coup *des persécutions* comme Jésus le leur avait dit. Voyons-les à l'œuvre. Mc.10 : 30-32

I. **Première persécution** :
Pierre fut jeté en prison après une campagne d'évangélisation. Ac 4 : 2-3.
Causes:
1. Il prêcha et guérit un boiteux de naissance au nom de Jésus-Christ. Ac. 4 : 2-3
2. Il rejeta l'ordre du tribunal de taire le nom de Jésus-Christ. Finalement, il fut relâché. Act.4 : 10-12

II. **Deuxième persécution.** :
Le juge le jeta encore en prison. Act.5 : 18
Causes:
1. Les chefs étaient jaloux à cause des miracles et des prodiges réalisés par les apôtres au nom de Jésus-Christ. Act. 4 :32-36 ; 5 : 17

Résultats :
1. Le Seigneur vint libérer Pierre et lui demanda d'aller prêcher dans le Temple. Act. 5 :18-20
2. Le tribunal entier en était consterné. Act. 5 : 31-28
3. Gamaliel, le professeur de Paul à l'Université de Tarse, convoqua un huis clos et demanda au tribunal de cesser leur poursuite. Néanmoins,
   a. On les relâcha après une bastonnade.
   b. On leur ordonna de taire le nom de Jésus. Cependant les apôtres préféraient subir des outrages pour le nom de Jésus. Et ils en étaient joyeux. Mc.10 :30 ; Ac.5 : 29, 41-42

III. Troisième persécution

Le roi Hérode Agrippa 1er fit tuer Jacques et fit mettre Pierre en prison. Act.12 :1-2
Il était enchainé et gardé par seize soldats. Act. 12 : 5-7

1. Réactions extérieures :
   a. L'Eglise **bougea** : les chrétiens priaient sans cesse. Act. 12 :5
   b. Le ciel **bougea** : Dieu envoya un ange pour délivrer Pierre. Ps.34 :8 ; Act.12 :7
   c. Pierre **ne bougea pas**: il dormait. Act.12: 6

2. Réaction intérieures:
   a. L'ange entra dans la prison avec une Torche Brûlante pour éclairer la scène. Ac.12 :7 Il réveilla Pierre et lui dit *comment il doit s'habiller pour sortir* afin de se rendre invisible aux yeux des soldats. Act.12: 7-10

b. L'ange enleva toutes les barricades et libéra Pierre. Mission accomplie! Act.12 :10

Conclusion
Puisque Jésus n'a pas hésité de quitter son trône pour venir et délivrer Pierre, dès aujourd'hui, remettons nos batailles entre ses mains.

Questions

1. Pourquoi Pierre était-il jeté en prison ?
   a. A cause du message prêché au nom de Jésus-Christ
   b. A cause de la guérison d'un boiteux

2. Quel ordre avait-il reçu du tribunal à ce sujet ?
   De taire le nom de Jésus-Christ

3. Quel en était l'issue ?
   Il refusa et il fut jugé, puis libéré.

4. Quelle était la raison de son deuxième emprisonnement ?
   La jalousie des sadducéens à causes des miracles et des prodiges réalisés par les apôtres

5. Qui le libéra ? L'ange de l'Eternel

6. Quelle était la raison du troisième emprisonnement ?
   Le roi Agrippa voulut faire disparaitre le nom de Jésus-Christ.

7. Qui libéra Pierre ? Encore l'Ange de l'Eternel.

8. Comment ?
   a. Il entra dans la prison pour réveiller Pierre.
   b. Il lui donna des instructions sur la manière de sortir.
   c. Il le rendit invisible aux yeux des soldats.
   d. Il mit Pierre hors de toute poursuite.

Leçon 7
Pierre, défenseur de l'Evangile

Textes pour la préparation : Ac. 15 :1-29 ; Ep.2 :1-22 ;
Versets à lire en classe : Ac.15 : 6-11
Verset de mémoire: Maintenant donc, pourquoi tentez-vous Dieu, en mettant sur le cou des disciples un joug que nos pères ni nous n'avons pu porter? Ac.15 :10
Méthodes : discours, discussions, questions
But : Clarifier devant tous l'inutilité de la Loi devant la grâce de Jésus-Christ.

Introduction
Voici Pierre, en plein cœur de Jérusalem. Il prit la tribune pour combattre la loi de Moise et faire l'apologie du Christianisme. Quel revirement!

I. Circonstances de cette intervention
1. Des juifs voulurent soumettre les païens convertis à l'observation de la loi de Moise. Paul et Barnabas s'y opposèrent.
2. Ceux-ci furent délégués pour représenter les tenants de l'Evangile à un Concile en siège à Jérusalem. Act.15 : 1-2

II. Intervention de Pierre au Concile
1. Les païens n'étaient jamais requis d'observer la Loi. Ac.15 :10, 19
2. Quant aux juifs, ils ne l'avaient jamais observée.
3. Dieu a conféré le don du Saint Esprit aux païens et aux juifs convertis sans discrimination. Act.15 :8-9

4. Voilà pourquoi Dieu veut sauver tous, juifs et païens par grâce, par le moyen de la foi.
Ac.15 : 11 ; Ep.2 :8
5. Néanmoins, les païens doivent, pour leur part, s'abstenir des souillures des idoles, de la débauche, des animaux étouffés et du sang. Ac.15 : 19-20

III. Son support spirituel aux judéo-chrétiens dans la diaspora. 1Pi.1 : 1-2

Notez-le bien : Les judéo-chrétiens sont les juifs convertis au Christianisme.
1. Pierre leur recommanda
   a. De méditer la parole, d'être sobre, d'avoir une entière espérance dans la grâce en Jésus-Christ. 1Pi. 1 : 13
   b. De maintenir une conduite morale exemplaire. 1Pi.2 :1-5
   c. De sauvegarder le prestige de l'Evangile 1Pi.2 : 9-12
   d. De mener une vie de sainteté. 1Pi.1 :15
2. Il fait référence à notre promotion de noblesse : Sacrificateur et roi comme Jésus. 1Pi.2 :9
3. Il fait référence à l'efficacité de la prière des saints en sa faveur pendant ses trois emprisonnements.
Ac .5 :17-19 ; 12 :15-19 ; 1Pi.2 :13-16

Conclusion

Si vous prenez position pour Christ en face des opposants, il fera de même pour vous ici-bas et dans le monde à venir, devant son Père qui est dans les cieux. Soignez donc votre position.

Questions

1. Quel était le sujet à débattre au Concile de Jérusalem ?
   Exonérer les païens convertis de l'observation de la Loi de Moise.

2. Quelle était l'intervention de Pierre ?
   a. Les païens sont sauvés par grâce comme les juifs.
   b. Dieu leur accorde le Saint Esprit comme aux juifs convertis.
   c. Il conteste l'obligation pour eux d'observer la Loi.

3. Que recommande-t-il ?
   Que les païens s'abstiennent de la débauche, de manger des viandes sacrifiées aux idoles, des animaux étouffés et du sang.

4. Qui étaient les judéo-chrétiens?
   Les juifs convertis au Christianisme

5. Quel était le support de Pierre aux judéo-chrétiens dans la Diaspora ?
   a. Il les encouragea à approfondir leur connaissance de la bible,
   b. A maintenir une bonne conduite morale
   c. A sauvegarder le prestige de l'Evangile.
   d. A garder la sainteté.

Leçon 8
Jésus, le rocher éternel

Textes pour la préparation : Ex.17 :6 ; No.21 :13 ; Da.2 :31-34 ; Zach. 4 :7 ; Mt. 16 :18 ; 21 :44 ; Jn.4 :23-24; 7 : 37-39 ; Ro.9 :32-33 ; 1Co.1 :23 ; 10 :4 ; Ep.2 :8-20 ; 1Pi.2 :6
Versets à lire en classe : 1Co.10 : 1-4
Verset de mémoire : Ils ont tous bu le même breuvage spirituel, car ils buvaient à un rocher spirituel qui les suivait, et ce rocher était Christ. 1Co.10 :4
Méthodes : discours, comparaisons, questions
But : Montrer que Jésus seul est le rocher de notre salut.

Introduction
Pierre serait très confus de se voir comparé à Jésus, lui, le faible apôtre, au rocher des siècles. Voici son message adressé à tous ceux dont la mémoire fait défaut:

I. **Jésus est le rocher** :
   1. Jésus est le rocher spirituel frappé pour tous ceux qui ont soif. Il leur donne sans frais, de l'eau vive de l'Esprit. Jn.4 :23-24; 7 :37-39
   2. Le rocher que Moise frappait à Horeb et à Meriba était bien Christ. Il suivait le peuple partout. Ex.17 :6 ; No.21 :13 ; 1Co.10 :4
   Jésus le **Rocher** et non Pierre le **caillou**.

II. **Jésus est le fondement et la pierre angulaire**
   1. Il est le fondement de l'Eglise. Ep.2 :20

2. Celui qui s'appuie sur lui a une retraite sûre. 1Pi.2 :6.
3. Le prophète Zacharie l'appelle la pierre principale. Za.4 :7
4. Christ n'a pas fondé l'Eglise sur l'apôtre Pierre. Il a dit : «Je bâtirai mon Eglise» et Satan ne pourra pas la démantibuler comme Pierre ni la détruire. Mt .16 :18 ; Lu.22 :31

III. Jésus est la pierre d'achoppement
C'est ce qu'il était pour les juifs dès sa première venue. Ceux-ci ne voulaient pas rejeter la Loi de Moise pour accepter la grâce en Jésus-Christ, par le moyen de la foi.
Ro.9 :32-33 ; 1Co.1 :23 ; Ep.2 :8

IV. Jésus est la pierre miraculeuse
Il sera la pierre détachée sans le secours d'aucune main, qui frappera l'empire universel des nations. Da.2 :34

V. Jésus est la pierre qui grandira
Il sera la pierre qui grandira et rempliera la terre, après la destruction de cet empire mondial. Jésus sera le seul roi. Da.2 :31

VI. Jésus est la pierre du jugement
Elle le sera, pour les incroyants. Cette pierre écrasera et broiera tous ceux qu'elle frappera. Mt .21 :44

Conclusion
Peut-on encore comparer Jésus, la pierre éternelle à ce pauvre apôtre qu'on veut affubler du titre de pape?

Questions

1. Que représentaient le rocher d'Horeb et le rocher de Meriba ? Jésus-Christ

2. Citez les expressions pour désigner Christ en utilisant la pierre.
   a. La pierre angulaire de prix.
   b. La pierre détachée sans le secours d'aucune main
   c. La pierre qui grandira et qui remplira toute la terre
   d. La pierre d'achoppement
   e. Le rocher de scandale

3. Vrai ou faux
   a. Pierre mérite bien le titre de pape. __ V __ F
   b. Pierre était infaillible. __ V __ F
   c. Jésus prit différents noms dans la Bible. _V _F
   d. Un pape ferait du bien à nos Eglises protestantes. __ V __ F

Leçon 9
Quelques aspects de la souffrance selon Pierre

Textes pour la préparation: Ac.5:41; 1Co.11:31-32; He.11:6; 12:5-13; 1Pi.1:2-7; 1Pi.2:20-21; 4:12-19
Verset à lire en classe: 1Pi.2 :18-25
Verset à mémoriser: C'est une grâce de supporter des afflictions par motif de conscience envers Dieu, quand on souffre injustement. 1Pi.2 :19
Méthodes : Discours, comparaisons, questions
But : Encourager les chrétiens à supporter les souffrances quelle que soit leur nature.

Introduction
Pierre aborde un sujet très familier à lui-même. Il s'agit de ses souffrances à cause de l'Evangile. Passons-lui la parole.

I. **Ses mots d'encouragement.**
   1. Il réconforte les chrétiens juifs dispersés à cause des épreuves pour Christ. 1Pi.1 :2-5
      a. Il leur fit comprendre que ces épreuves sont pour la gloire de Jésus-Christ. 1Pi.1 :7
      b. Que la souffrance pour Dieu est une grâce. 1Pi.2 : 20-21
      c. C'est la classe préparatoire pour entrer en triomphe dans la gloire du Père.1Pi.4 :12-13
      C'est un moyen de purification. On se dépouille et on se prépare dans la prière et dans l'action pour le Retour de Jésus-Christ.
      He.11 :6 ; 1Pi.1 :7 ; 4 :1-2 ; 5 :10

      Quand nous disons que « la souffrance vient du péché », il ne s'agit pas obligatoirement d'un

péché actuel, il s'agit des conséquences du péché d'Adam. Ge.3 :16-19; Ro.6 :23 ; 1Pi.4 :1
2. Pierre réconforte les chrétiens dans leurs souffrances à cause de Christ parce qu'il en avait fait l'expérience. Act.5 :41 ; 1Pi.4 : 16

II. Les souffrances du chrétien sont un principe de discipline. He.12 :5-13
Dieu nous châtie maintenant pour nous donner le temps de nous corriger et d'éviter la condamnation avec le monde. 1Co.11 : 31-32

III. Les conséquences de la souffrance.
Le jugement de Dieu d'abord dans l'Eglise. Contre les tortionnaires, ceux qui font souffrir.
1. pour punir la négligence dans l'évangélisation.
2. Pour punir ceux qui divisent son Eglise et la détruisent, ceux qui refusent de pardonner.
3. Pour punir les adultères, les homosexuels, les cupides, les lâches, les menteurs, les voleurs et les infidèles dans leurs dimes et leurs offrandes. Mal. 3 :8 ; 1Pi.4 : 17-19
4. Pour punir ceux qui refusaient d'aider les « plus petits des frères de Jésus ». Mt. 25 :40

Conclusion
Etes-vous parmi ceux qui souffrent ou qui font souffrir à cause de Christ ? Votre réponse déterminera votre lieu de résidence dans l'éternité.

Questions

1. Pourquoi Pierre était-il qualifié pour parler de la souffrance?
    a. Il avait beaucoup souffert à cause de Christ
    b. Il connut la bastonnade et la prison plusieurs fois à cause de la Parole.

2. Comment supporte-t-il les chrétiens juifs de la Diaspora ?
    a. Il les réconfortait
    b. Il leur fit comprendre le but de la souffrance.

3. Comment Pierre comprit-il la souffrance ? Comme un instrument de discipline.

4. Que veut-il dire par le « jugement de Dieu va commencer dans l'Eglise ? »
    a. Jésus avait passé des ordres à l'Eglise. Il va lui en demander compte.
    b. Son jugement sera donc plus sévère.

Leçon 10
Pierre et les secrets du royaume

Textes pour la préparation : Ex.19 :12-25 ; 1Pi. 3 :18-20 ; 4 :17-18 ; 5 :8 ; 2Pi. 1 :1-18; 4 :1-7
Versets à lire en classe : 1Pi.4 :12-19
Verset à mémoriser : Car c'est le moment ou le jugement de Dieu va commencer par la maison de Dieu. Or, si c'est par nous qu'il commence, quelle sera la fin de ceux qui n'obéissent pas à l'Evangile de Dieu ? 1Pi.4 :7
Méthodes : discours, discussions, questions
But : combattre l'insouciance chez les chrétiens.

Introduction
Dans sa vie d'étroite relation avec son maitre, Pierre devait être détenteur de grands secrets heureusement révélés à nous aujourd'hui.

I. Flash uniques de la plume de Pierre
1. Lui seul nous rapporte le verdict final de Jésus sur les incrédules du temps de Noé. 1Pi.3 : 18-20
2. Lui seul nous rapporte le point de départ du jugement de Dieu. 1P.4 :17
3. Lui seul nous rapporte *d'une manière concrète* le rôle de Satan. 1Pi. 5:8

II. Témoignage unique sur lui-même
1. Sa vie était marquée par la scène de la transfiguration. 2Pi.1 :17-18
   Il comprend maintenant pourquoi Jésus disait : « Je suis la résurrection et la vie. » Jn.11 : 25

a. En effet, Moise et Elie étaient bien vivants après leur mort depuis des centaines d'années! (Commentaires Bibliques)
   b. Il saisit maintenant le sens de la grâce imméritée de Dieu. Hier seul Moise, pouvait s'approcher de la montagne couverte de la nuée et vivre. Et le voilà qui survit à cette même expérience!
      Ex.19 :12 ; Mt.17 : 1-5

Notre participation dans ce segment:
2. Chacun de nous est une pierre dans l'ensemble de l'édifice pour former une maison spirituelle. Ep.2 : 21-22
3. Jésus est le rocher et Pierre, une petite pierre dans l'édifice, mais pas un pape. Il se dit ancien comme les autres. 2Pi.1 :3-9
4. Il exhorte les chrétiens à garder la foi, car il sait ce qu'il en coute de renier le Seigneur. 1Pi.2 :19-21

Conclusion

Voilà Pierre l'apôtre! Combien avait-il à nous raconter! Que ce chœur nous serve d'exhortation :

« Suivons le Maitre toujours pas à pas.
« Rien ne me nuit lorsque Jésus conduit.
« Joie ou détresse, n'importe quoi,
« Grâce abondante, Jésus a pour moi. »

Questions

1. Renseignez-nous sur des faits rapportés par Pierre seul :
   a. Le verdict final de Jésus sur les incrédules du temps de Noé.
   b. Le point de départ du jugement dernier.
   c. Le rôle de Satan d'une manière concrète

2. Que devait déduire Pierre de la scène de la transfiguration?
   a. Renforcer sa conviction que Jésus était bien le Messie,
   b. Qu'il était bien la résurrection et la vie,
   c. Qu'il existe une vie après la mort,
   d. Qu'il était qu'une simple pierre dans l'ensemble de l'édifice de Jésus-Christ.

3. Comment justifier l'humilité de Pierre ?
   a. Il se dit ancien comme les autres.
   b. Il exhorte les chrétiens à garder la foi.
   c. Il sait ce qu'il en coute de renier le Seigneur.

Leçon 11
Fête des mères

Textes pour la préparation: 1Roi.1: 5-6; Pr.29:15; Lu.2: 51-52

Versets à lire en classe: 1Roi.1 :5-6

Verset à mémoriser: La verge et la correction donne la sagesse mais l'enfant livré à lui-même fait honte à sa mère. Pr.29 :15

Méthodes : discours, comparaisons, questions

But : Montrer comment une famille équilibrée a la chance de former des hommes équilibrés.

00

Introduction

Pour les enfants élevés au sein d'une famille équilibrée, la fête des mères doit avoir une signification particulière. C'est d'eux que nous allons parler aujourd'hui.

I. **Leur relation affectueuse envers leur mère.**

Ils comprennent mieux le terme « affection » à partir de la tendresse maternelle dont ils sont l'objet. Jésus était le premier-né de Marie. Il jouissait de sa tendresse. Par tempérament, la discrète Marie gardait secret tous les commentaires sur son Fils. Lu.2 : 51

II. **Ils se reconnaissent redevables envers leur mère.**

Un avortement n'a pas la parole, mais c'est différent pour un enfant : il doit remercier celle qui l'avait porté neuf mois dans son sein, qui avait accepté les douleurs de l'enfantement pour lui accorder le privilège de la vie. La bible nous recommande de l'honorer si nous voulons vivre longuement. Ep.6 :2

III. Ils sont sensibles aux problèmes des familles.
Ils peuvent plus facilement exercer la miséricorde envers leurs semblables. Ces enfants ont appris à connaitre la gêne, les soucis des parents, les privations acceptées à cause d'eux.

IV. Ils savent comment apprécier.
1. Les repas, les habits préparés, une maison bien entretenue.
2. Ils savent comment saluer et remercier. Dans l'avenir, ils sauront comment traiter leur partenaire conjugal.
3. Autrement, livrés à eux-mêmes, ils feront honte à leur mère. Pr. 29 :15

V. Ils combattront mieux l'égocentrisme.
1. Ils partageront aisément leurs jeux, leurs habits et leur repas avec les autres.
2. Ils seront plus facilement exercés à s'entraider et à partager les responsabilités au sein de la famille et la communauté.

Conclusion
C'est une situation idéale devenue de plus en plus rare. Cherchons à nous accommoder avec celle que nous confrontons.

Questions

1. D'où vient-il que l'enfant élevé au sein d'une famille réponde mieux à la tendresse maternelle? Il la découvre plus facilement chez ses parents.

2. Que peut-on espérer de lui?
    a. Qu'il se montre reconnaissant envers sa mère
    b. Qu'il soit sensible aux problèmes particuliers de la famille.
    c. Qu'il sache comment apprécier les parents pour leur encadrement.
    d. Qu'il sache comment apprécier les sacrifices consentis pour son éducation

3. Que peut-il arriver s'il ignore ces choses ?
    a. Il sera livré à lui-même et fera honte à sa mère.
    b. Il ne saura non plus comment apprécier un partenaire dans le mariage.

Leçon 12
Fête des pères

Textes pour la préparation: 1R. 1:5-6; 2 : 13-25 ; Ps.103: 13; He.12: 5-6
Versets à lire en classe: 1Roi.1 :5-6
Verset à mémoriser: Son père ne lui avait de sa vie fait un reproche, en lui disant : « Pourquoi agis-tu ainsi ? » 1Roi.1 :6
Méthodes: discours, comparaisons, questions
But : Montrer les avantages de l'enfant légitime.

Introduction
Permettez-moi aujourd'hui de faire une comparaison entre les enfants légitimes, privilégiés et les enfants martyrs, des enfants nés de parents irresponsables.

I. **Enfants nés de pères irresponsables**.
   1. Ils sont nés des passions charnelles d'un couple. Abandonnés à eux-mêmes, ces enfants deviennent frustrés, aigris, insatisfaits.
   2. Ils sont issus du concubinage d'un couple quand l'amour était au dernier rang.
   3. Prenons par exemple un enfant qui a la malchance de ressembler au conjoint dédaigné. Il sera moralement torturé par l'autre partenaire.
   4. Prenons un enfant élevé sans père :
      a. Il exigera de sa mère la satisfaction de tous ses besoins. Dans le cas contraire, il criera et se roulera par terre pour montrer son mécontentement. Devenu grand, il prendra les rues pour manifester contre le gouvernement incapable de satisfaire à ses revendications. Il détruira tout sur son

passage, surtout ce qu'il ne pouvait posséder dans son enfance.
b. C'était là l'esprit d'Adonija : il était beau mais mal élevé par le roi David, son père. Il aura une fin triste. 1R.1 :6, 13-25

II. **Enfants nés de pères responsables.**
1. Ils sont obligés d'aller à l'école, d'achever leurs études et d'embrasser une profession.
2. Ils auront la chance de montrer du respect pour les gens et pour les choses.
3. Ils seront formés pour la vie et pour vivre en société.
4. Leurs pères n'hésiteront pas à dépenser et même à se sacrifier pour eux.
5. Ils auront compassion pour leurs enfants quand ils doivent les seconder dans leurs faiblesses. Ps.103 : 13
6. Ils puniront leurs enfants, non pas avec la rigueur d'un caporal mais en père sévère et flexible, avec fermeté et non de la cruauté. Ils se montreront doux pour comprendre leurs enfants en apprentissage mais ils ne les forceront pas et ne les maltraiteront non plus. He.12 :5-6

Conclusion
Quelle est votre impression à la fête des pères ? Vous sentez-vous blâmé ou récompensé?

Questions

1. Quel est le plus souvent le sort des enfants non désirés?
   Ils sont frustrés, malheureux, insatisfaits et aigris.

2. D'où viennent-ils ? Ils sont le plus souvent les fruits des passions charnelles des parents.

3. Que peut-on attendre d'un enfant aigri, insatisfait?
   La société va payer cher son défoulement.

4. Comment se comporte-t-il ? Sans discipline

5. Que dire de l'enfant né d'un père responsable?
   a. Il sera mis dans une bonne école pour apprendre et réussir dans la vie.
   b. Il respectera la vie et les biens des gens.
   c. Il respectera la personne des vieillards et des notables.

Récapitulation des versets

1. Pierre, prenant la parole, lui dit : Voici, nous avons tout quitté et nous t'avons suivi; qu'en sera-t-il de nous? Mt.19 :27

2. Pierre répondit : homme, je ne sais pas ce que tu dis. Au même instant, comme il parlait encore, le coq chanta. Lu.22 : 60

3. Ainsi donc que celui qui croit être debout prenne garde de tomber. 1Co.10 :12

4. Le Seigneur s'étant retourné regarda Pierre. Et Pierre se souvint de la parole que le Seigneur lui avait dite : Avant que le coq chante aujourd'hui, tu me renieras trois fois. Lu.22 :61

5. Alors Jésus dit a Simon : « Ne crains point ; désormais tu seras pêcheur d'hommes. » Lu. 5 :10b

6. L'Ange de l'Eternel campe autour de ceux qui le craignent et il les arrache au danger. Ps.34 :8

7. Maintenant donc, pourquoi tentez-vous Dieu, en mettant sur le cou des disciples un joug que nos pères ni nous n'avons pu porter? Ac.15 :10

8. Ils ont tous bu le même breuvage spirituel, car ils buvaient à un rocher spirituel qui les suivait, et ce rocher était Christ. 1Co.10 :4
9. C'est une grâce de supporter des afflictions par motif de conscience envers Dieu, quand on souffre injustement. 1Pi.2 :19

10. Car c'est le moment ou le jugement de Dieu va commencer par la maison de Dieu. Or, si c'est par nous qu'il commence, quelle sera la fin de ceux qui n'obéissent pas à l'Evangile de Dieu ? 1Pi.4 :7

11. La verge et la correction donne la sagesse mais l'enfant livré à lui-même fait honte à sa mère. Pr.29 :15

12. Son père ne lui avait de sa vie fait un reproche, en lui disant : « Pourquoi agis-tu ainsi ? » 1Roi.1 :6

Feuille d'évaluation

1. Quelle partie de ces 12 leçons vous a le plus touché?
   a. Pour vous-même ?
   _____
   b. Pour votre famille?
   _____
   c. Pour votre Eglise?
   _____
   d. Pour votre pays?
   _____

2. Quelle est votre décision immédiatement après la classe?
   _____

3. Quelles sont vos suggestions pour l'Ecole du Dimanche :
   a._____
   b._____
   c._____

4.. Questions purement personnelles :

   a. Quelle est ma contribution pour le développement de cette Eglise?_____

   b. Qu' ai-je fait jusqu'ici pour améliorer sa condition? _____

   c. Si Jésus vient maintenant, serai-je fier des fruits que j'aurai à lui présenter? _____

Tome 14 -Série 3

Les Secrets Du Psaume 23

Avant-propos
Nul ne saurait mieux que David exprimer sa relation personnelle avec Dieu en utilisant la métaphore de Berger. Avant que d'être nommé berger d'Israël, il faisait paitre le troupeau de son père. Jésus en fit allusion en se déclarant le Bon Berger que l'auteur de l'Epitre aux Hébreux appelle le grand pasteur des brebis. Pasteur et berger sont deux termes synonymes. He.13 :20
Personnellement, pour avoir passé mes vacances, la plupart du temps, dans la ferme de mon père, je connais un peu du comportement des brebis d'autant plus que je suis maintenant berger d'un troupeau avec l'avantage d'en parler comme jadis David.
Essayons de découvrir l'amour insondable de ce Dieu à la lumière du Psaume 23.

Rev. Renaut Pierre-Louis

Leçon 1
Le Berger de David

Textes pour la préparation : Ps.23 :1-6 ; Mic.5 : 1 ; Mt. 28 :20 ; Lu. 10 :19 ; 22 :35 ; Jn. 8 :24 ; 10 :11 ; 11 :28 ; 14 : 10-27 ; Ro.8 :1
Versets à lire en classe : Ps.23 :1-6
Verset à mémoriser : Je suis le bon Berger. Le bon Berger donne sa vie pour ses brebis. **Jn.10 :11**
Méthodes : Discours, comparaisons, questions
But : Montrer comment un chrétien peut témoigner de la bonté de l'Eternel, le divin berger.

Introduction
Tout pasteur doit avoir son pasteur. David, un pasteur, vous dit: L'Eternel est mon pasteur». Ps.23:1

I. **Comment nous le présente-t-il ?**
   1. Il vous dit : « C'est mon pasteur ». V.1
      a. Il est Eternel. Ainsi le ciel est ma limite.
      b. Il accepte son autorité.
   2. Il le présente au cours d'un dialogue entre trois personnages.
      a. Le premier est un inconnu à qui il fait état de sa relation personnelle avec Dieu. Ps.23 :1-3
      b. Le deuxième c'est l'Eternel lui-même, qu'il loue pour ses bienfaits. Ps.23 : 4 et 5
      c. Le troisième, c'est David dans sa résolution de vivre pour toujours à la même adresse que l'Eternel. Ps.23 :6

II. **Sous quels noms nous le présente-t-il ?**
   Sous les mêmes noms attribués à Jésus-Christ dans le Nouveau Testament. Comparez ces versets

1. Jéhovah-Rohi ou l'Eternel est mon pasteur. Ps.23 :1 et Jn.10 : 11 Jésus le Bon Berger
2. Jéhovah-Jire ou l'Eternel pourvoira. Il ne manquera de rien. Ps.23 :1 et Lu.22 :35
3. Jéhovah-Shalom ou l'Eternel est ma paix.
   Il me fait reposer. Il me dirige près des eaux paisibles. Ps.23 :2 et Jn.14 :27 Jésus donne le repos. Mt. 11 : 28
4. Le bonheur et la grâce m'accompagneront tous les jours de ma vie. Ps.23 :6 et Mt. 28 :20 Christ promet d'être avec nous tous les jours.
5. Jéhovah-Sidkenu ou L'Eternel est ma justice. Il me conduit dans le sentier de la justice à cause de sa réputation. Ps.23 : 3 et Lu.10 :19
   Jésus est notre défenseur.
6. Jéhovah-Shamma ou l'Eternel est ici. Je ne crains aucun mal car tu es avec moi. Ps.23 :4 et Jn. 11 :28
   Jésus, est le Jehovah-Shamma. Jn.11 : 28
7. El-Shaddai ou Dieu Tout-Puissant. Tu dresses devant moi une table en face de mes adversaires. Ps.23 : 5 ; Ro.8 :1
   Satan est vaincu devant Jésus.
8. El Olam ou le Dieu de toute éternité. J'habiterai dans la maison du Dieu Eternel pour toujours. Ps.23 :6 ; Mich.5 :1.
   Jésus exerce son droit divin pour nous donner ce que le Père seul peut donner. Jn.14 :10-11

Conclusion

Jésus est plus près de nous comme notre Messie. Faites de lui votre berger et vous serez sauvé. Jn.8 :24

Questions

1. Découvrez les noms de l'Eternel dans ce Psaume.
   Jehovah-Rohi, Jehovah-Jire, Jehovah-Shalom, Jehovah-Sidkenu, Jehovah-Shamma, El-Shaddai, El Olam.

2. Cochez la déclaration qui convient le mieux :
   a. L'Eternel est mon voisin. Nous nous saluons parfois. C'est tout.
   b. L'Eternel est mon docteur, je le consulte au besoin.
   c. L'Eternel est mon employeur. Je n'ai avec lui qu'un rapport administratif.
   d. L'Eternel est mon berger, je demeure toujours en sa présence.

3. Pourquoi David emploie-t-il le terme berger pour désigner l'Eternel?
   a. Parce qu'il est aussi berger.
   b. Parce que l'Eternel est incomparable

4. Pourquoi le chrétien attribue-t-il ce même titre à Jésus-Christ?
   Il est le même Dieu dans le Nouveau Testament.

Leçon 2
Je ne manquerai de rien

Textes pour la préparation : Ex.16 :18 ; De. 2 :7 ; 8 : 7-9 ; 15 : 11 ; 29 :5 ; Ps.41 :4 ; 116 : 3-4 ; Es.51 :14 ; Mt. 6 :25-34 ; 26 :11 ; Mc.10 :21 ; Lu. 12 :16-20 ; 22 :35 ; 2Co.11 :9 ; Ph.4 : 6-12 ; Ja.2 :15
Versets à lire en classe : Mt.6 :31-34
Verset à mémoriser : Ne vous inquiétez de rien ; mais en toute choses, faits connaitre vos besoins à Dieu par des prières et des supplications avec des actions de grâces. Ph.4 :6
Méthodes : Discours, comparaisons, questions
But : Encourager les chrétiens à se confier en Dieu seul.

Introduction
Beaucoup d'animaux peuvent se passer d'un maitre. On parle de chiens, de chèvres et de porcs sauvages, mais pas de brebis sauvages. La brebis ne peut vivre seule. Il lui faut un berger.

I. **Pourquoi ?**
   1. Le mouton est fragile.
   2. Il est crédule, même sot. Il peut s'égarer et se faire du tort facilement.

II. **Il doit dépendre d'un pasteur pour tous ses besoins**
   1. Pour ses soins journaliers.
   2. Pour sa sécurité contre les ennemis et les faux pasteurs
   3. Pour sa santé
   5. Pour son éducation. Ps.41 : 4; 116 :3-4

Parce que le Seigneur est son pasteur, David s'exclame: «Je ne manquerai de rien».
- a. Il se souvient des soins de l'Eternel accordés fidèlement à son peuple pendant les quarante ans dans le Désert. Ex 16.18 ; De. 2.7
- b. Même leurs vêtements n'étaient pas usés, ni leurs pieds enflés.» De. 29 : 5
- c. L'Eternel leur avait promis la prospérité. De 8 :7-9
- d. De même, les disciples ne manquaient de rien en compagnie de Jésus.» Lu 22.35

III. Mais pourquoi avons-nous des pauvres parmi nous ?
1. Parce que l'exception confirme la règle.
2. Parce que Dieu veut que les riches soutiennent les nécessiteux. Autrement, il les condamnera pour leur mauvaise gérance.
De. 15:11; Mt.26:11; Mc 10.21; Lu.12:16-20
3. Le mot *manquer* en hébreu (*hasar*) peut décrire la mauvaise situation d'un frère ou d'une sœur. Indirectement, c'est un message que Dieu nous envoie pour les secourir.
2Co 11:9; Ph.4:12; Ja.2:15

Conclusion

Soyons les bons associés de Dieu dans la gérance de nos biens sachant qu'il nous faudra bientôt lui en rendre compte.

Questions

1. Quel est l'animal à qui il faut un gardien ? La brebis

2. Pourquoi ?
    a. Elle est naïve et fragile.
    b. Elle s'égare facilement.
    c. Elle peut se faire du tort facilement.

3. Quel est le rôle du pasteur ou berger à ses côtés?
   La nourrir, la soigner, la conduire, la protéger

4. Pourquoi avons-nous des pauvres parmi nous ?
   Dieu veut que nous les aidions.

5. Quel mot hébreu traduit le verbe *manquer* en français ? Hasar

Leçon 3
Il connait ses brebis

Textes pour la préparation : Ps.42 :12 ; Ez.34 : 18-22 ; Lu.15 :2-7 ; Jn.10 :3 ; Ph.2 :3-4 ; Col.3 :15 ; He.12 :1-15
Versets à lire en classe : Ez.34 :1-10
Verset à mémoriser : Je connais mes brebis, et elles me connaissent. Jn.10 :14
Méthodes : Discours, comparaisons, questions
But : Montrez l'intimité du berger aux brebis.

Introduction
Le berger oriental a le mérite de connaitre ses brebis chacune en particulier.

I. **Il les connait par leur nom.**
Les brebis constituent des membres de la famille du berger. Il ne les traine jamais avec une lèche. Il portera la brebis perdue et retrouvée sur ses épaules, qu'elle soit propre ou sale ou même puante. Jn.10 : 3

II. **Il les connait dans leur comportement.**
1. C'est le propre des béliers et des boucs d'attaquer les brebis frêles.
   a. Ils les empêchent de manger et de boire en paix. Ez.34 :18-19
   b. Ils les chassent à coup de cornes. Ezéchiel parle du jugement qui les attend pour leur méchanceté. Ez.34 :20-22
   Il fait ici allusion à ceux-là qui s'imposent par la force sur les plus faibles. Ils oublient que l'Eglise

est une société de fraternité et non de combat.
Ph.2 :3-4
Dieu nous demande de nous unir et de vivre en paix les uns avec les autres. Col.3 :15.

II. Il les connait dans leur égarement
1. Le mouton abattu peut se tourner sur le dos sans pouvoir se redresser surtout quand il est gras ou chargé d'une toison trop abondante.
2. Une température trop chaude ou trop froide peut affecter sa vie. Dans cette situation, il devient la proie facile des divers prédateurs (loups, ours, lions, tigres).
3. Le bon berger le tond pour le rendre plus léger.
    a. Le chrétien peut être découragé par les déceptions de la vie. Mais avec Dieu pour berger, il peut reprendre courage. Ps.42 :11
    b. Jésus, le bon berger ira le chercher.
    c. Il peut aussi lui enlever les obstacles à sa persévérance, c'est-à-dire l'excès de biens matériels, d'amis, de loisirs ou d'activités encombrantes. Lu. 15:2-7

Conclusion
Faites toujours confiance à ce Dieu fidèle, même quand il vous frappe de sa verge. Il est votre Père. He. 12 : 6

Questions

1. Aux yeux du berger, que représente la brebis ?
   Un membre de sa famille

2. Quelle attention donne-t-il à la brebis retrouvée?
   Il la porte sur ses épaules dans quelle que soit sa condition.

3. Que sait-il au fond des brebis ?
   a. Il les connait par leur nom
   b. Il les connait dans leur comportement
   c. Il les connait dans leur égarement.

4. Que doit-on penser du Christianisme ?
   C'est une question de service et de complet abandon au Seigneur.

5. Que fait le berger pour alléger le mouton ?
   Il lui enlève un peu de sa toison

6. Qu'est-ce que Dieu fait pour mieux nous disposer à son service ?
   Il nous prive parfois de certains biens matériels, de certains amis et même de certaines activités.

Leçon 4
Les soins particuliers du berger

Textes pour la préparation : 1 S. 17 : 34-36 ;
Job.37 :7 ; Ps.23 :1-6 ; 121 :8 ; 139 : 23-24 ; 147 :4 ;
Ez.20 :37 ; Mt. 4 :1-10 ; 10 :30 ; Lu.9 :23 ; Jn.10 :1-11 ;
1Co.2 :12 ; Ep.4 :11-30 ; Ph.3 :13-14
Versets à lire en classe : Jn.10 : 1-8
Verset à mémoriser : Lorsqu'il a fait sortir toutes ses propres brebis, il marche devant elles ; et les brebis le suivent, parce qu'elles connaissent sa voix. Jn.10 : 4
Méthodes : Discours, comparaisons, questions
But : Monter le souci que Dieu fait de nous.

Introduction
Contrairement à un employé d'entreprise, le berger oriental consacre toute sa vie à soigner ses brebis.

I. Il les compte
1. Avec sa houlette, le berger oriental compte les brebis à la sortie du bercail et à la rentrée. Il le fait à cause de sa réputation. Ps.121: 8 ; Jn.10 :9
2. Il peut donner sa vie pour ses brebis. David exposa sa vie devant les lions et les ours pour sauver ses brebis. 1Sa. 17 :34-36
Jésus donne sa vie pour nous. Jn.10 :11

II. Il les connait en particulier.
1. De même que Dieu compte toutes les étoiles et leur donne à toutes des noms, Ps.147 : 4. De même il nous connait chacun en particulier. Et même les cheveux de notre tête sont tous comptés. Mt.10 :30 ; Jn.10 : 3

2. Il met son sceau sur la main de chaque créature. Job.37 :7
3. Mais il met son esprit sur chaque enfant de Dieu pour leur permettre de communiquer avec lui. 1Co.2 :12; Ep.4 :30

III. **Il leur donne des soins particuliers**
1. Pour donner à manger et à boire aux brebis, le berger doit être près d'elles.
   a. Jésus, le bon berger, marche devant nous. Jn.10 :4
   b. Nous suivons ses traces, jamais celles d'un étranger. Jn.10 :5
2. Les chrétiens en quête de sensationnel et de nouveauté ne pourront jamais suivre Jésus, le vrai berger.

IV. **Ce que Dieu nous demande :**
1. C'est d'accepter sa discipline en vue de garantir notre sécurité. Ps.23 : 4.
2. C'est d'accepter sa Parole et les exhortations pour nous protéger contre les ruses du malin. Ps.139: 23-24; Ez.20 :37; Mt.4 :4, 6,10
3. C'est de renoncer à nos droits et à nos préférences pour lui obéir sans comprendre. Lu.9 :23 ; Ph.3 :13-14
4. C'est d'apprécier ses soins, de le louer et de nous engager à rester toujours en sa compagnie. Ps.23 :6

Questions

1. Comment exprimer l'attachement du berger aux brebis ?
   a. Il leur dévoue toute sa vie.
   b. Il les contrôle chaque jour.
   c. Il les connait chacune en particulier.
   d. Il leur donne des soins particuliers.

2. Donnez-nous un exemple de berger dévoué.
   Jésus

3. Quelle est la fonction de la houlette ? Compter les brebis à la sortie du bercail et à la rentrée.

4. Justifiez la connaissance de Dieu de chacun de nous.
   a. Il met un sceau sur la main de tout homme.
   b. Il compte même les cheveux de notre tête.
   c. Il met le sceau du Saint-Esprit sur chaque enfant de Dieu.

5. Quelle est l'ordre de Dieu à ses enfants ?
   a. D'accepter l'autorité de sa houlette et de son bâton
   b. D'accepter sa parole et les exhortations
   c. De renoncer à nos droits, à nos préférences pour lui obéir.
   d. D'apprécier ses soins, de le louer et de nous engager à rester auprès de lui jusqu'à la fin de nos jours.

Leçon 5
Il me fait reposer dans de verts pâturages

Textes pour la préparation : Ps.91 :1-16 ; Ez.34 : 20-22 ; Mc. 6 :30-31 ; 1Ti. 3 :3 ; 5 :8
Versets à lire en classe : Ps.91 :1-11
Verset à mémoriser : Celui qui demeure sous l'abri du Très-haut, repose à l'ombre du Tout-Puissant. **Ps.91 :1**
Méthodes : Discours, comparaisons, questions
But : Montrer comment Dieu exerce son contrôle sur notre vie

Introduction
Au milieu de l'herbe verte, le pasteur impose la discipline de l'abstinence aux moutons. Pourquoi?
Il vous faut alors connaitre les caractéristiques du mouton.

I. Caractéristiques :
Pour que le mouton soit tranquille, il faut :
1. *Qu'il soit libéré de la peur.* Un petit bruit suffit pour le paniquer et le porter à abandonner le berger et à s'égarer.
2. *Qu'il soit libéré des frictions des autres moutons.* Autrement, Il perdra le contrôle de lui-même. Dieu jugera les moutons arrogants qui molestent son troupeau. Ez.34 :20-22
3. *Qu'il soit libéré des mouches ou des parasites.* Pour le chrétien, ces parasites peuvent être des ennuis avec les beaux-parents, le conjoint exigeant, le chômage prolongé, les problèmes financiers et surtout les tripotages.
4. *Qu'il n'ait pas faim.* Il peut commettre de graves erreurs si le vert pâturage lui manque.

C'est là qu'intervient le rôle du berger pour le garder en sécurité.

Pour que le chrétien ne soit pas troublé, il doit rester sur ses genoux. Dans cette position, il lui sera difficile de trembler.

II. Le mouton n'a pas la notion de discipline.
1. Il lui faut le soutien du berger pour le diriger.
2. Le mouton est gourmand. Il ne sait quand s'arrêter de manger. Le berger l'oblige au repos en vue de contrôler son appétit.
3. Applications :
   Un bon pasteur doit avoir un programme bien balancé pour ses fidèles.
   Il ne va pas risquer leur santé avec des jeûnes et des réveils répétés de quarante jours. C'est un lavage de cerveau qui peut nuire à leur santé.
   a. Faute de sommeil, le membre peut perdre son sang-froid et sa capacité de bien réfléchir pour enfin commettre des erreurs regrettables pour lui et sa famille. 1Ti.5 :8
   b. Il vit d'excitation et non de méditation. A la fin, il s'agite et se fâche pour rien. Sans cesse il est obligé de faire des excuses à ceux-là qu'il offense sans raison. 1Ti.3 :3

II. Le bon berger variera les activités pour l'hygiène mentale de ses membres.
1. Prenons l'exemple de Jésus. Il prescrit un temps de congé aux disciples après une période d'activités intenses. Mc. 6 :30-31
   L'Eglise a besoin d'en faire autant.

Conclusion

Sachons profiter des jours de congé pour un programme de famille ou pour la communauté. Jésus l'applaudira.

Questions

1. Quelles sont les quatre conditions pour garder le mouton tranquille ?
    a. Il doit être libéré de la peur.
    b. Il doit être libéré des frictions des autres moutons.
    c. Il doit être protégé contre les mouches et les parasites.
    d. Il doit être satisfait.

2. Quel est le défaut du mouton?
    a. Il n'a pas la notion de discipline.
    b. Il perd facilement le sang-froid et le sens du discernement

3. Comment l'expliquer?
    Il est gourmand. Il ne sait quand s'abstenir de manger.

4. Que doit faire le berger dans ce cas ?
    Il doit bâtir lui-même le programme du mouton.

5. Que doit faire le bon berger pour l'hygiène mentale du mouton ?
    Il doit varier les activités

6. Il doit profiter des jours de congé avec efficacité.

Leçon 6
Il me dirige près des eaux paisibles.

Textes pour la préparation: Ex.13: 17; Ps.4:9; Es.48 :12-19 ; Jn.7: 37-39; 10:16; Ro.12:2; Ep.5: 19-20; 1Ti.4:13; He.13:20
Versets à lire en classe : Es.48 :12-19
Verset à mémoriser : Ainsi parle l'Eternel, ton rédempteur, le Saint d'Israël : Moi l'Eternel, ton Dieu, je t'instruis pour ton bien. Je te conduis dans la voie que tu dois suivre. Es. 48 :17
Méthodes : Discours, comparaisons, questions
But : Montrer les précautions du berger dans la garde du troupeau.

Introduction
Quel animal craintif? Voici, il a soif, pourtant il refuse de boire! Son pasteur seul pourra vous dire pourquoi.

I. **La nature de la brebis**
   1. *Elle est peureuse.* Elle boira dans une eau claire, **jamais** dans une eau sale ou troublée, contrairement au cheval et au bœuf. Les eaux du monde (night-club, casino, carnaval, music pop, film porno) ne pourront jamais satisfaire la soif spirituelle du chrétien.
   Jésus, le bon berger nous offre de l'eau vive !
   Jn.7 :37-39
   Dieu le dirige près des lieux et des eaux paisibles. Ex.13 :17
   2. *Elle est de santé fragile.* Elle sera atteinte de la diarrhée si elle mange les jeunes pousses à la suite des jours de pluie.

a. Le chrétien ne doit pas être affolé pour les chants à la mode et incapables de l'élever vers Dieu.
b. Le berger viendra avec des chants de réconfort, d'espérance, de victoire et de gloire en vue de fortifier sa foi, pour le préparer à chasser les démons et à guérir les malades. Ep.5 :19-20
c. Il l'engagera à la lecture quotidienne de la bible pour développer sa relation avec Dieu. 1Ti.4 :13
d. Il sera alors plus disposé à prier, à servir, à donner, à pardonner et à aimer. Ro.12 :2

II. Les brebis du Seigneur
1. Ce sont d'abord les juifs. Ro.1 :16
2. Ce sont ensuite les païens qu'il reconnait comme « Les autres brebis, qui ne sont pas de cette bergerie; il tient à les ramener; elles entendront sa voix, et il y aura un seul troupeau, un seul berger.» (Jn 10.16)
3. Il n'a pas peur de dépenser son sang pour elles. He.13 :20

Conclusion
Brebis du Seigneur, dites avec David : Je me couche et je m'endors en paix, car toi seul ô Eternel, tu me donnes la sécurité dans ma demeure. Ps.4 :9

Questions

1. Quelle est la nature de la brebis ? Justifiez
   a. Elle est peureuse. Elle a peur de l'eau sale et trouble.
   b. Elle est de santé fragile. Elle peut être atteinte de la diarrhée si elle mange des jeunes pousses après la pluie.

2. A qui la comparer en ce sens ?
   Au chrétien sans maturité spirituelle qui s'affole pour des chants ou des musiques pornos, pour les premières modes.

3. Quel est le rôle du berger dans ce cas ?
   Encourager le chrétien à lire la bible, à prier, à servir, à aimer et pardonner.

4. Qui sont les brebis du Seigneur ?
   Ce sont les juifs et les païens convertis.

5. Donnez un verset qui exprime la satisfaction de la brebis du Seigneur.
   Je me couche et je m'endors en paix, car toi seul, ô Eternel, tu me donnes la sécurité dans ma demeure.

Leçon 7
Il me conduit dans le sentier de la justice

Textes pour la préparation : No. 14: 34; No.9:15-22; 14:9; Ps.1:1; 25 : 8-14 ; 104 :20-22 ; 121:6; 125:3; Pr.1:4-28; Lu.6:30-35; 1Co.10:4; Ap.7:17
Versets à lire en classe : Ps.25 :8-14
Verset à mémoriser : Il conduit les humbles dans la justice, il enseigne aux humbles sa voie. **Ps. 25 :9**
Méthodes : Discours, comparaisons, questions
But : montrer la position préférentielle de l'homme humble auprès de Dieu.

Introduction
Savez-vous que le verbe «conduire» en hébreu (nahag), signifie «faire avancer en dirigeant» ? Dieu nous fait avancer, même vers ce qui nous fait peur. Pourquoi ?

I. Pour sauvegarder sa réputation
1. Toutes nos fautes affectent son nom que nous portons.
2. Ainsi nous oblige-t-il à marcher dans l'intégrité.
3. Il nous écarte des gens bruyants et stupides. Ps.1 :1
4. Il nous garde des situations encombrantes. Ps.125 :3
5. Il peut nous obliger à perdre des autres pour gagner avec lui. Vous comprendrez pourquoi il vous dit: « Ne réclame pas ton bien de celui qui s'en empare ». Lu.6 :30
   a. Jésus va vous dédommager.

b. Il en fera le transfert dans votre vie personnelle et dans votre compte d'Epargne au ciel, à la Banque même de Dieu.
c. Il le fera ainsi parce que vous êtes fils de votre Père qui est dans les cieux. Lu. 6 :35

II. **Pour gagner la confiance de la brebis**
Imaginez la vie du peuple d'Israël pendant quarante ans dans le Désert du Sinaï.
1. Le soleil est desséchant et l'eau rare.
2. La nuit, c'est l'heure des bêtes sauvages surtout des serpents venimeux. Ps.104 :20-22
3. On ne peut rien produire au Désert.
    a. Dieu lui donne à manger pendant quarante ans dans ce lieu affreux. Nob.14 :34
    b. Il lui donne à boire à partir d'un rocher spirituel et ce rocher était Christ. 1Co.10 :4 ; Ap.7 :17
    c. Dieu l'abrite à l'ombre pendant le jour et sous son feu la nuit, pour repousser les bêtes sauvages. No.9 :15-16 ; Ps.121 : 6
    c. Cependant, le peuple devait camper et se déplacer seulement sous ses ordres et manger ce qu'il donne. No.9 :18-19, 22
    Les païens n'avaient pas ce privilège. Ils n'avaient pas cette ombre pour les couvrir. No.14 :9

III. **Pour respecter les valeurs morales et spirituelles.**Pr.1 : 4,18, 28
Israël n'avait aucune raison valable pour abandonner l'Eternel et décider d'un retour en

Egypte. C'était une décision immorale. L'Eternel, le bon berger a fait ses preuves.

Conclusion

Sans vous en rendre compte, vous vivez à l'ombre du Tout-Puissant. Choisissez d'y rester pour sa réputation et pour votre plus grand bien.

Questions

1. Que signifie «Conduire» en hébreu?
   Faire avancer en dirigeant.

2. Pourquoi le pasteur s'engage-t-il à conduire ses brebis ?
   a. Pour sauvegarder sa réputation
   b. Pour gagner la confiance des brebis
   c. Pour respecter les valeurs morales et spirituelles

3. Quelle discipline observe t-t-il à notre égard quant à sa réputation ?
   a. Il nous oblige à marcher dans l'intégrité.
   b. Il nous écarte des gens bruyants et stupides.
   c. Il nous garde des situations encombrantes.
   d. Il peut nous obliger à perdre des autres pour gagner avec lui.

4. Que fait-il pour gagner notre confiance ?
   Il choisit notre diète.

5. Pourquoi blâmons-nous la décision d'Israël de retourner en Egypte ? Parce que l'Eternel avait donné trop de preuves comme un bon berger.

Leçon 8
Il m'accompagne dans la vallée de l'ombre de la mort

Textes pour la préparation : Ps. 16: 8; 34:8-20; 41: 2; 116:3-6; Es : 41 ; 1-16 ; 43 : 1-5 ; Lu.9:60; 16:22; Jn.7:30; 10:11; 16: 33
Versets à lire en classe : Es.43 :1-5
Verset à mémoriser : Si tu traverses, les eaux, je serai avec toi ; et les fleuves, ils ne te submergeront point ; si tu marches dans le feu tu ne te brûleras pas et la flamme ne t'embraseras pas. Es.43 : 2
Méthodes : Discours, comparaisons, questions
But: Montrer notre maximum de protection avec Dieu

Introduction
Le mouton est un animal imprudent. Rien ne l'avertit d'un danger alors qu'il va se donner dans la falaise. Comment le berger va-t-il intervenir?

I. **Il est obligé de se tenir entre le danger et la brebis.**
   1. Le monde est un vaste cimetière où les morts sont en transit.
   2. Jésus ne fait aucune différence entre un cadavre et les gens sans Christ. Ceux-ci sont des morts qui ensevelissent leurs morts. Lu.9:60
      a. Les ossements desséchés grimacent partout. La mauvaise odeur vous prend à la gorge.
      b. Les dangers d'infection sont nombreux.
         Ces morts sont des gens livrés au diable, à la corruption, à la drogue, à la débauche et la superstition. Ils portent la mort dans leur vie

et leur conduite. Les moutons du Seigneur sont exposés en leur compagnie. Mc.1 :13 Jésus, le bon Berger tient à les protéger au milieu d'une génération perverse et corrompue. Jn.10 :11 ; Ph.2 :15
Dans l'Ancien Testament, il prit le nom de l'Ange de l'Eternel. Il campe autour de ceux qui le craignent pour les arracher au danger. Ps.34 : 8

II. **La brebis se sent en sécurité avec un berger responsable.**
Le chrétien remet son avenir à Dieu car il est toujours fidèle pour venir à son secours.
Ps.34 : 20

II. **La main de Dieu est sur nous**
1. Il nous protège. Tant que notre heure n'a pas encore sonné, nul ne saurait nous nuire. Jn.7 :30
2. Il nous guérit de toutes nos maladies. Ps. 41 :2; 116 : 3-6
3. Il se tient à notre droite, c'est-à-dire dans la position de défense pour nous empêcher de chuter. Ps.16 :8
4. Au dernier jour, il enverra des anges pour nous chercher. Les anges ne transportent pas des morts, mais des vivants. Si vous doutez, « demandez-le à Lazare ». Lu.16 : 22

Conclusion
Le monde est chargé de convoitises charnelles qui font la guerre à l'âme. Mais prenez courage, Jésus, notre berger l'a vaincu pour nous. Jn.16 :33

Questions

1. Quelle est la position tenue par le pasteur au moment du danger ?
   Il se tient exactement entre le danger la brebis.

2. Que représente le monde aux yeux de Christ ?
   Un vaste cimetière où les morts sont en séjour.

3. Quel est le nom de Jésus dans l'Ancien Testament pour nous protéger ? L'Ange de l'Eternel

4. Quelle est la condition du monde dans lequel nous vivons?
   a. Une vallée d'ossements desséchés et grimaçants
   b. Un milieu chargé d'infection et de mauvaise odeur.

5. Quelle est l'impression de la brebis auprès de son pasteur ? Il se sent en sécurité.

6. Parlez de son rôle auprès de nous
   a. Il nous protège
   b. Il nous remet de toutes nos maladies
   c. Il se met dans la position de défense autour de nous.
   d. Il enverra des anges pour nous chercher au dernier jour.

Leçon 9
Sa houlette et son bâton me rassurent.

Textes pour la préparation : Jer. 30:1-24; Lu. 2:7; 9:23; Ac.22:1-3; 1Co.15:33; 2Co. 12:1-10; 11: 23-32; 12:7; Ph.3:4-6; 2Ti. 3:12; 4:14; He.12: 8; 13:20; 3Jn.9-11

Versets à lire en classe : Jer.30 :8-11

Verset à mémoriser : J'exterminerai toutes les nations parmi lesquelles je t'ai dispersé. Mais toi, je ne t'exterminerai pas ; je te châtierai avec équité, je ne puis pas te laisser impuni. Jer.30 : 11b

Méthodes : Discours, comparaisons, questions

But : Montrer comment Dieu exerce son droit paternel et divin sur nous.

Introduction

Qu'il est bon de reconnaitre la discipline du berger et de s'y soumettre! Voyez comment le psalmiste la considère :

I. Ta houlette et ton bâton me rassurent

1. Le berger utilise sa houlette pour « arracher au danger » la brebis imprudente.
2. Il utilise son bâton pour la défendre contre les bêtes sauvages et la discipliner en cas d'écart de conduite. Je.30 :11
   a. Ainsi, Dieu nous met en garde contre les faux amis, les mauvaises lectures et les mauvais milieux et les mauvaises tendances. 1Co.15 :33
   b. Prenons l'apôtre Paul pour exemple :
   Il se flattait de son courage, de sa citoyenneté romaine, de ses études universitaires au pied du savant Gamaliel. Polyvalent dans quatre

langues, détenteur d'un visa multiple, il se croyait maitre du monde.
Act. 22 :1-3 ; Ph.3 :4-6
Dieu lui enlève cette toison d'orgueil par diverses épreuves, par une écharde dans la chair et un ange de Satan pour le souffleter.
2Co.11 : 23-32 ; 12 : 7

  c. Si Dieu ferme les yeux sur votre mauvaise conduite, vous devez vous inquiéter et vous demander si vous êtes son fils légitime. Heb.12 : 8

II. Le rôle de la croix

1. Jésus, le bon berger, vient plutôt avec la croix. Nous devons la porter comme un carcan pour nous obliger à marcher au même pas que lui.
2. Il choisit les faux chrétiens pour mettre la croix sur notre dos. Prenons pour exemples, deux membres de l'Eglise du Nouveau Testament :
   a. Alexandre le forgeron qui torturait Paul. 2Ti.4 : 14
   b. Diotrèphe, qui contestait les décisions de l'apôtre Jean et de l'Eglise. 3Jn.9-11
3. Le vrai chrétien au contraire, porte chaque jour sa croix et accepte de n'être jamais, jamais oui, jamais à l'aise ici-bas. Lu.9 :23 ; 2Ti.3 :12

Conclusion

A sa naissance, Jésus avait passé très peu de jours dans une écurie à Bethleem. Pourtant, Il est le berger des brebis jamais le gardien des chevaux ou des cabris. Acceptez-le comme votre berger et soumettez-vous à sa discipline. Il vous conduira à l'illumination. Lu. 2 : 7 ; 2Co.12 : 1-10 ; He.13 : 20

Questions

1. Que représentent la houlette et le bâton du pasteur ?
   a. La houlette pour l'arracher au danger.
   b. Le bâton pour la discipliner et la défendre contre les bêtes sauvages.

2. Donnez-nous des exemples dans la vie spirituelle
   Dieu nous met en garde contre les faux amis, les mauvaises lectures, les mauvais milieux et els mauvaises tendances.

3. Qu'est-ce-qui symbolisait la houlette pour l'apôtre Paul? Dieu lui donnait une écharde dans la chair.

4. Qu'est-ce-qui symbolisait le bâton pour l'apôtre?
   Un ange de Satan pour le souffleter.

5. Quelle est la houlette de Jésus-Christ ?
   Notre croix

6. Quelle est le bâton qu'il utilise contre nous ?
   Les faux frères pour mettre des croix sur le dos des vrais chrétiens.

7. Quelle est l'attitude des vrais chrétiens envers la croix ?
   Ils savent qu'ils ne seront jamais à l'aise ici-bas.

Leçon 10
Il défie mes adversaires

Textes pour la préparation : 2S. 22 : 1-41, Ps.23 :1-6 ; 91 :1-12 ; Ps.112 :1-10
Versets à lire en classe : Ps.112 :1-10
Verset à mémoriser : Tu me ceins pour le combat, tu fais plier sous moi mes adversaires. 2Sam. 22 :40
Méthodes : Discours, comparaisons, questions
But : Montrer que Dieu a déjà établi pour nous un système de défense impénétrable.

Introduction
L'une des grandes erreurs de certains chrétiens est de souhaiter la mort de leurs adversaires. Jésus le voit-il ainsi ?

I. Qui sont vos adversaires?
1. Ce sont vos opposants et parfois des ennemis sans raison valable.
2. Jésus dresse devant moi une table en leur présence.
   a. Ils doivent savoir que Dieu remplit bien son rôle de Père à mes côtés.
   b. Ils ne sauraient non plus nuire à mon avenir car Dieu le préside.
   c. Il est ma sécurité sociale, mon assurance de vieillesse et de vie, ma pension de retraite.
   d. La calomnie comme la médisance n'auront aucun effet sur moi, sur ma famille et mes affaires parce que je demeure à l'ombre du Tout-Puissant. Ps.91 :1
3. Ce qui est certain dans cette opposition

a. Dieu ne m'invite jamais à lutter contre mes adversaires.
b. Il veut qu'ils sachent que je suis encore vivant.
c. Il veut aussi qu'ils soient au courant de mes bénédictions, pour qu'ils regrettent enfin de m'avoir torturé, ou bien qu'ils se repentent.
d. Je dois les remercier car leurs attaques m'obligent à rester près de mon Berger.
e. Dieu provoque la faim et l'envie chez mes adversaires en face de qui je mange.
f. Il me donne dans la mesure que je puis gérer et digérer. Ph.4 :6
g. En aucun cas, l'adversaire ne peut renverser la table que Jésus lui-même a dressée pour moi puisque que je mange avec lui : Voilà la garantie de mon mariage, de mon heureuse couche, de mon job et de mon avenir.
h. Au moment où ma coupe et mon assiette débordent, mes adversaires crèvent de faim et de soif. Dieu prolongera ma vie pour me permettre de les assister. Ps.91 : 8

Conclusion

Dieu nous donne de l'adversité. Il se charge de nos adversaires. Soyons tranquilles.

Questions

1. Comment définir l'adversaire ? C'est un opposant

2. Quelle est la position de Jésus en face de notre adversaire? Il le défie.

3. De quoi Christ nous défend-t-il ?
   De lutter contre l'ennemi

4. Pourquoi veut-il conserver notre adversaire?
   Pour qu'il voie notre victoire et qu'il regrette son attitude.

Leçon 11
Tu oins d'huile ma tête et ma coupe déborde

Textes pour la préparation : Job.1 : 21 ; Ps.23 :1-6
Versets à lire en classe :
Verset à mémoriser : Tu dresses devant moi une table en face de mes adversaires. Tu oins d'huile ma tête et ma coupe déborde. **Ps.23 :5**
Méthodes : Discours, comparaisons, questions
But : Montrer la relation de tendresse entre nous et notre Père.

Introduction
Nous atteignons la partie la plus comique de ce témoignage du Psalmiste 23. Voici la brebis dans un studio de beauté.

I. Que signifie l'expression «**Il oint d'huile ma tête?**»
   1. La maladie du charbon atteint facilement la brebis exposée à un climat tropical. Le berger prévoyant est obligé d'oindre d'huile sa tête pour l'en protéger.
   2. Cette onction vient nécessairement après un bain et un massage de la brebis.
      a. Le berger enlèvera les poils sales de l'animal.
      b. Et pour lui éviter toute distraction, le berger lui sert un breuvage.

II. **Dieu notre berger en fait de même.**
   1. Il nous dépouille de nos amis et même de biens matériels de nature à encombrer notre vie spirituelle. Job.1 :21

2. En retour, il nous donne des choses favorables à notre développement spirituel.
3. Il nous sanctifie, nous remplit de son esprit. Il nous donne de quoi survivre sous sa bannière.

IV. Ma coupe déborde, dit le Psalmiste. Ps.23 :5
1. Tandis que le berger se préoccupe à « coiffer » la brebis, il lui verse à boire.
2. Que peut-elle constater? Sa coupe déborde!
   a. Elle en a suffisamment pour boire et pour économiser.
   b. Elle en a trop pour ne pas s'inquiéter du lendemain.
   c. Dieu peut nous rendre débordant de joie, de paix, de santé, d'avenir dans une ambiance de sécurité. Et tout cela, en face de nos adversaires.

Conclusion

Mettez de côté vos permanentes et vos tresses. Le Dieu saint sait quel produit mettre **dans** votre tête. Soyez joyeux en sa compagnie.

Questions

1. Pourquoi le berger oint-t-il la tête de la brebis?
   Pour la préserver de la maladie du charbon

2. Quels sont les préparatifs à cette onction ?
   a. Le berger lui enlèvera les poils sales.
   b. Il lui appliquera un bain et un massage.

3. Que représente pour nous cette onction ?
   La puissance du Saint-Esprit pour nous garder dans la sainteté.

4. Quels sont les préparatifs avant de recevoir cette onction ?
   a. Il faut la confession comme lavage
   b. Le dépouillement de nos œuvres mortes.
   c. Le dépouillent parfois de nos biens matériels et même de certains de nos amis.

5. Pourquoi fait-il déborder notre coupe au moment de notre toilette spirituelle ?
   a. Pour nous éviter de regretter les pertes nécessaires à notre croissance spirituelle.
   b. Pour nous donner une juste compensation au moment où notre sanctification est en cours.

Leçon 12
La résolution du psalmiste

Textes pour la préparation : De.28 :1-14 ; Ps.23 :6 ; 81 :14-17 ; 115 :14 ; 121 :1-8 ; Ja.1 :17
Versets à lire en classe : Ps.23 :1-6
Verset à mémoriser : Oui, le bonheur et la grâce m'accompagneront tous les jours de ma vie, et j'habiterai dans la maison de l'Eternel jusqu'à la fin de mes jours. Ps.23 :6
Méthodes : Discours, comparaisons, questions
But : Montrer la confiance totale de la brebis en son berger.

Introduction
Si nous passions le micro au psalmiste pour lui demander de nous donner ses impressions, la réponse serait très claire: «J'appliquerai pour ma résidence dans la maison de l'Eternel jusqu'à la fin de mes jours.» Avez-vous un commentaire là-dessus?

I. **C'est une réponse à la fidélité de Dieu.**
   1. Dieu a tenu sa promesse de le bénir dans la ville et à la campagne. De. 28 : 3
   2. Il le bénira à son départ et à son arrivée. De.28 :6 ; Ps.121 : 8
   3. Il aura la victoire sur ses ennemis. De. 28 :7 ; Ps.81 :14-17
   4. L'Eternel **a ordonné à la bénédiction d'être avec lui** dans son compte d'épargne et dans son compte courant. De.28 : 8-13

II. **C'est un témoignage de la grâce et du bonheur de Dieu en permanence.**
 1. Il lui a multiplié ses faveurs. Ps.115 :14
 2. Dieu le couvre partout de sa grâce. Ps.23 :6
 3. Tous les peuples, y compris ses adversaires doivent attester que Dieu le chérit. De.28 : 10
 4. Il était riche et son pays n'avait pas de dette nationale. De.28: 12
 5. Il est mort dans la vieillesse et son fils préféré lui succéda au trône. 1R.2 : 10-12

Conclusion

Cette promesse de bénédiction est une invitation à lui être fidèle. Acceptez-vous cet accord ?

Questions

1. Comment comprendre la résolution du psalmiste ?
   a. Il fait foi à la garantie que lui donne le bon Berger.
   b. C'est sa manière de féliciter Dieu pour sa fidélité

2. Donnez-en quelques exemples :
   Il a tenu sa promesse
   a. De le bénir dans la ville comme à la campagne.
   b. De lui donner la victoire sur ses ennemis.
   c. De le bénir dans son compte courant comme dans son compte d'épargne.

3. Comment justifier la grâce et le bonheur dans la vie du psalmiste ?
   a. Dieu lui donne une couronne impériale
   b. Il lui accorde une protection en tout temps. Il bénit Dieu aussi en tout temps.
   c. David mourut dans la vieillesse et dans la richesse.
   d. Son fils préféré lui succéda au trône.

Récapitulation des versets

1. Je suis le bon Berger. Le bon Berger donne sa vie pour ses brebis. Jn.10 :11

2. Ne vous inquiétez de rien ; mais en toute choses, faits connaitre vos besoins à Dieu par des prières et des supplications avec des actions de grâces. Ph.4 :6

3. Je connais mes brebis, et elles me connaissent. Jn.10 :14

4. Lorsqu'il a fait sortir toutes ses propres brebis, il marche devant elles ; et les brebis le suivent, parce qu'elles connaissent sa voix. Jn.10 : 4

5. Celui qui demeure sous l'abri du Très-haut, repose à l'ombre du Tout-Puissant. Ps.91 :1

6. Ainsi parle l'Eternel, ton rédempteur, le Saint d'Israël : Moi l'Eternel, ton Dieu, je t'instruis pour ton bien. Je te conduis dans la voie que tu dois suivre. Es. 48 :17

7. Il conduit les humbles dans la justice, il enseigne aux humbles sa voie. Ps. 25 :9

8. Si tu traverses, les eaux, je serai avec toi ; et les fleuves, ils ne te submergeront point ; si tu marches dans le feu tu ne te brûleras pas et la flamme ne t'embrasera pas. Es.43 : 2

9. J'exterminerai toutes les nations parmi lesquelles je t'ai dispersé. Mais toi, je ne t'exterminerai pas ; je te châtierai avec équité, je ne puis pas te laisser impuni. Jer.30 : 11b

10. Tu me ceints pour le combat, tu fais plier sous moi mes adversaires. 2Sam. 22 :40

11. Tu dresses devant moi une table en face de mes adversaires. Tu oins d'huile ma tête et ma coupe déborde. Ps.23 :5

12. Oui, le bonheur et la grâce m'accompagneront tous les jours de ma vie, et j'habiterai dans la maison de l'Eternel jusqu'à la fin de mes jours. Ps.23 :6

Feuille d'évaluation

1. Quelle partie de ces 12 leçons vous a le plus touché ?
a. Pour vous-même ?
_____

b. Pour votre famille ?
_____

c. Pour votre Eglise ?
_____

d. Pour votre pays ?
_____

2. Quelle est votre décision immédiatement après la classe ?
_____

3. Quelles sont vos suggestions pour l'Ecole du Dimanche :
   a._____
   b._____
   c._____

5. Questions purement personnelles :

   a. Quelle est ma contribution pour le développement de cette Eglise?_____

   b. Quel effort ai-je fait jusqu'ici pour améliorer sa condition?_____

   c. Si Jésus vient maintenant, serai-je fier des fruits que j'aurai à lui présenter? _____

Tome14-Série 4

Le Septième Mari

De La

Femme Samaritaine

Avant-propos

Si nous faisons une enjambée de vingt-et-un siècles en arrière, pour nous asseoir au bord du puits de Sychar, que verrons-nous? Certainement Jésus en dialogue avec une femme samaritaine. Mais que nous suggère ce tableau, sinon une démarche du Sauveur vers le démantèlement du judaïsme en vue de la mondialisation de la Parole? Il voulut introduire une nouvelle méthode d'approche pour bâtir son Eglise à partir du plus vil pécheur.
La femme aux six maris prête à piéger Jésus, dans une tentative de l'avoir en septième position, est l'image du pécheur, fatigué et chargé en quête de délivrance jusqu'à la rencontre du Sauveur.
La preuve de sa conversion est justifiée quand elle aura tout laissé, y compris sa cruche, pour aller et introduire, sans aucun accent de jalousie, son septième mari à tout le monde.
Au moment où je vous parle, ce septième mari se tient à la porte de votre cœur pour vous offrir ce que votre cruche de raisonnements frivoles ne peut contenir. Serez-vous aussi humble que la femme Samaritaine pour l'accueillir? Souhaitons-le.

Révérend Renaut Pierre-Louis

Leçon 1
Le premier mari de la femme samaritaine : Le Mensonge

Textes pour la préparation : Ge. 34 : 1-31; 2Roi.17 :1-3, 24-41 ; Jn. 4 : 15-29 ; 8 :44 ; 14 :6 ; Ep.4 :17-25 ; 1Jn.3 :8 ; Ap.20 :10 ; 22 : 12-15
Texte à lire en classe : Jn.4 : 15-29
Verset de mémoire : Venez voir un homme qui m'a dit tout ce que j'ai fait. Ne serait-ce point le Christ? Jn.4 :29
Méthodes : Discours, comparaisons, questions
But: prévenir les chrétiens contre le mensonge.

Introduction
Une femme, belle à ravir, fut recherchée par de nombreux prétendants. Le premier à avoir son cœur est Mensonge, le fils ainé de Satan, père du Mensonge et de tous les vices. Jn.8 :44

I. **Comment a eu lieu ce mariage?**
   1. Après sa victoire sur Israël, le roi assyrien Salmanasar envoya des colons pour occuper Samarie. 2Roi.17 : 1-3, 24-41
   2. Dès lors, les femmes de Samarie ne gagnèrent leur vie que dans la prostitution, et la championne dans cette industrie s'appelait La Femme Samaritaine. Elle vivait de mensonge.

II. **Quel en était sa raison d'être?**
   1. Elle savait que dans un mariage avec le mensonge, elle pourra tout obtenir. Jn.4 :17
   2. Elle croit pouvoir indifféremment mentir à Dieu et au Diable.

3. Quant aux hommes, elle pourra en faire son jeu à volonté.
4. Prostituée numéro un, Vedette de la simagrée et du vol d'hommes, Championne dans la ruse et dans la superstition, religieuse « plus chrétienne que le Christ »... elle demeurera imbattable avec Le Mensonge pour mari.

II. **Comment maintenir ce mariage?**
1. Elle ne doit jamais dire la vérité. Sa colère, ses pleurs sont des trucs utilisés pour mentir.
2. Elle pourra au besoin, consulter son beau-père, Satan le Diable car il est menteur dès le commencement. Il ne se tient pas dans la Vérité et Il est le Père du mensonge. Jn.8 :44

II. **Quel en est l'issue ?**
1. Jésus vient pour détruire les œuvres du Diable. 1Jn.3 :8
2. Satan le Diable sera jeté dans l'étang de feu ainsi que les menteurs. Ap. 20 :10 ; 22 :15

V. **Que faut-il retenir ?**
1. On peut tromper chaque jour mais pas toujours.
2. Croyant tromper les autres, on se trompe soi-même. A la fin, vous perdez votre dignité. Mais Jésus est la Vérité, il vous amènera à son Père. Nul ne vient au Père que par lui. Jn.14 :6
3. Il vaut mieux donc perdre avec La Vérité que de gagner avec le Mensonge.

Conclusion

Renoncez au mensonge et que chacun parle selon la vérité à son prochain. Ep.4 :25
Ainsi, Jésus sera au milieu de vous et mettra le Diable à la porte.

Questions

1. Comment s'appelle le premier mari de la femme Samaritaine? Mensonge

2. Quelle était la raison de leur union?
   a. Elle savait qu'avec le mensonge elle pourra tout obtenir
   b. Elle pourra aisément tromper n'importe qui.
   c. Elle croira pouvoir tromper et Dieu et Satan.
3. Qui est le père du mensonge ? Satan le Diable

4. Qui était-il pour cette femme? Son beau-père

5. Quel sera leur sort au dernier jour ?
   Le feu de l'Enfer pour Satan et les menteurs

6. Quel conseil à donner aux menteurs?
   a. Vous ne pourrez toujours tromper.
   b. Vous perdrez un jour l'estime des autres.
   c. Vaut mieux perdre avec Jésus que de gagner avec Satan.

Leçon 2
Son deuxième mari: La Vanité

Textes pour la préparation : Eccl. 1 :1-18 ; 2 :1-26 ; 3 : 1-22 ; 4 :1-16
Versets à lire en classe : Eccl.1 : 1-11
Verset à mémoriser: Ce qui a été, c'est ce qui sera, et ce qui s'est fait, c'est ce qui se fera, il n'y a rien de nouveau sous le soleil. Eccl.1 : 9
Méthodes: Discours, comparaisons, questions
But : montrer le danger de la vanité.

Introduction
Que Satan est rusé ! Dans quel piège nous prend-il quand il nous séduit par les avantages de la chair? Nous vous invitons aujourd'hui à ouvrir l'œil.

I. **La vanité, une méthode ancienne**
    1. Satan séduisit Eve avec de belles paroles autour d'un fruit dans le Jardin d'Eden.
    2. Il a activé le désir dans le cœur de cette femme en lui disant:
       a. Tu ne mourras point. Ge.3 :1-4
       b. Tu seras comme dieu pour la connaissance du bien et du mal. Ge.3 :5
       c. Ainsi tu pourras t'affirmer partout.
    3. En mangeant le fruit défendu, Eve s'est déplacée sans le savoir, du territoire de dépendance de Dieu pour se mettre sous la dépendance du malin. Dès lors, Satan l'a prise en otage. Ge. 3 :6

II. **Les manifestations de la vanité**
1. Le besoin de mettre en valeur sa beauté naturelle, sa force physique, son éloquence en vue, non d'être utile mais plutôt de se faire remarquer. Pr.31 :30
2. Tous les produits sont utilisés pour mettre cette beauté en relief.
L'individu peut au besoin varier sa couleur, sa marche, moduler sa voix jusqu'à devenir ridicule.
3. Il rapporte tout à lui-même et s'adore.
4. On se croit d'une beauté, d'une force ou d'une éloquence incomparables. Avec cette prétention, on veut conquérir le monde.

III. **Conséquences de la vanité**
1. Vous épuisez votre temps, votre argent et votre santé pour rien.
2. Vous vous attirez des flatteurs et de faux amis.
3. A la fin ils vous critiquent et vous rejettent.

Conclusion
Ne soyez pas des cobayes au laboratoire de Satan. Qu'il n'exploite plus vos faiblesses naturelles pour satisfaire ses expériences. Jésus vous attend non pas au bord du puits de Sychar mais à la croix du Calvaire pour étancher votre soif de pardon, de paix et de salut.

Questions

1. Qui était le deuxième mari de la femme samaritaine ? La Vanité

2. Qui a fait les démarches pour la lui introduire? Satan

3. Comment celui-ci avait-il séduit Eve ?
    a. Il lui fit croire qu'en mangeant du fruit défendu, elle ne mourra point.
    b. Elle sera comme des dieux connaissant le bien et le mal.

4. Comment la vanité se manifeste-t-elle?
    a. On accorde plus de valeur aux choses extérieures au mépris de son âme. On s'adore soi-même.
    b. On se croit plus beau, plus fort, plus capable que les autres et avec cette prétention, on veut conquérir le monde.

6. Quelles en sont les conséquences?
    a. Vous perdez votre temps, votre argent et votre santé.
    b. On vous flatte, on vous abuse, puis on vous rejette.

7. Quel est le conseil du sage ? Jésus vous attend à la croix du calvaire, la source du salut

Leçon 3
Peut-on reprocher quelqu'un pour son talent?

Textes pour la préparation : Jg. 16: 6-20; 1S. 17 : 25, 50 ; Ps.100 :3; 138 : 6; 139 :14; Eccl. 11 :10 ; Cant.1 :5-13; Es.3 :16-24; 4 :1; Da. 4: 30-33 ; Ac. 12 :21-23 ; Ro. 8 :8 ; Ja.4 : 6
Versets à lire en classe : Ps.139 :13-17
Verset à mémoriser : Je te loue de ce que je suis une créature si merveilleuse. Tes œuvres sont admirables, et mon âme le reconnait bien. Ps.139 :14
Méthodes: Discours, comparaisons, questions
But : Montrer comment Dieu déteste la vanité

Introduction
Cette question est très importante. Elle engendre une autre à laquelle il nous faut nécessairement répondre.

I. **Peut-on reprocher quelqu'un pour son talent?**
   1. **La réponse est non** si on tient à louer Dieu pour ce privilège. D'ailleurs, «c'est lui qui nous a faits. Nous sommes son peuple et le troupeau de son pâturage ». Ps.100 : 3
      a. David loue Dieu pour sa beauté, ses talents, sa sa santé, son intelligence. Ps.139 :14
      D'un simple berger, il en a fait gendre du roi en quelques heures.1Sam.17 :25, 50
      b. La Sunamite parle de sa beauté, non comme une fille de joie mais comme un attrait pour plaire à son bien-aimé. Cant.1 :5, 6,13
   2. **La réponse est oui,** si on laisse à Satan d'en profiter.
      a. Certaines jeunes filles succombent au culte de leur beauté. Es. 3 :16-24

Quoique riches, elles ne pourront jamais avoir un bon mari. Es. 4 : 1
- b. Samson par exemple, croyait en sa force physique pour son plus grand malheur. Jg.16 : 6, 20
- c. Hérode se flattait de son éloquence. Il succomba sur l'heure, rongé par les vers. Ac. 12 :21-23
- d. Nebucadnetsar se flattait dans son discours sur la splendeur de Babylone. Dieu l'a frappé d'une thrombose cérébrale et l'a réduit à manger de l'herbe en compagnie des bœufs pendant sept ans. Da. 4 : 30-33

IV. Qu'en dit la bible ?
1. La jeunesse et l'aurore sont passagères. Eccl.11 :10
2. La beauté est vaine. Elle peut nourrir votre orgueil et vous porter à la vaine gloire.
3. Sachez que Dieu résiste aux orgueilleux. Il les voit de loin. Ps.138 : 6 ; Ja.4 :6

Conclusion
La vanité, est un mari à rejeter. Evitez de tomber dans ses pièges. Soignez votre corps mais n'en faites pas un dieu, car ceux qui veulent vivre selon la chair ne saurait plaire à Dieu. Ro.8 :8

Questions

1. Pourquoi devons-nous louer Dieu pour nos talents ?
   Parce que nous sommes son ouvrage.

2. Pourquoi David loue-t-il Dieu ?
   a. A cause de son élévation en dignité
   b. A cause de la manière dont il l'a fait.

3. Qu'est-ce que Dieu peut ici blâmer en nous?
   L'amour de soi au lieu de l'amour pour Dieu.

4. Citez deux personnes victimes de leur vanité
   Samson, Nebucadnetsar

5. Que dit la Bible au sujet de la vanité?
   a. La jeunesse et l'aurore sont vanité
   b. La beauté est vaine
   c. Dieu résiste aux orgueilleux.

Leçon 4
Son troisième: Les plaisirs des sens

Textes pour la préparation: No. 31: 25-27; 2S.5:21; Ps.138 : 6; Es. 38:1-3; 39: 1-8; Da.11:8; Ro.8: 8; Ga.5 :16-26
Versets à lire en classe : Ga.5 : 16-21
Verset à mémoriser: Je dis donc : Marchez selon l'Esprit, et vous n'accomplirez pas les désirs de la chair. Ga.5 :16
Méthodes: Discours, comparaisons, questions
But: Encourager les chrétiens à se soumettre au Saint-Esprit.

Introduction
Un autre piège de Satan pour vous séduire : les plaisirs des sens que Paul appelle la satisfaction de la chair. C'est un sous-produit de la vanité. Comment se manifeste-t-il ?

I. **D'abord dans la satisfaction de la chair**
   1. La recherche des dernières modes et des derniers modèles dans le but d'attirer l'attention sur soi.
   2. Les excès dans le boire et le manger.

II. **Ensuite dans les possessions luxueuses**
   1. Elles sont recherchées pour se donner une marque de distinction.
   2. Les choses de luxe sont bonnes pour être à notre service. Qu'elles ne soient pas là pour nourrir notre orgueil. Dieu pourra alors nous blâmer comme il l'a fait pour le roi Ezéchias: Es.39 :1-8

a. Celui-ci a eu la vanité de montrer toutes ses richesses à des visiteurs. Dieu envoya le prophète Esaïe pour lui dire qu'il en sera dépouillé et que ses enfants seront humiliés dans un pays étranger. Es.39 :4-7
b. Notez que, dans le temps de ces rois, tous les adversaires rangés en ligne de bataille, amènent sur le champ leurs dieux et toutes leurs richesses. C'était en vue de s'assurer de leur protection et de la défense de leurs biens. Ces biens deviendront le butin des vainqueurs. No.31: 25-27; 2S.5:21; Da.11:8
c. Notre Dieu invisible et présent décima toute l'armée de Sencherib forte de 185 mille hommes. Du coup, Ezéchias devient milliardaire avec le butin de guerre. Cependant, il était en retard pour aller au temple en vue de louer Dieu. L'Eternel blâma son attitude par une menace de mort: « Fais ton testament, lui dit-il, car tu vas mourir. » Es.38 : 1-3

Conclusion

Dieu déteste la vanité. Ce vice nous éloigne de lui et nous empêche de lui plaire. Ps. 138 :6 ; Ro. 8 :8
C'est un désir de la chair tout-à-fait contraire à celui de l'Esprit. C'est un mari à dédaigner. Gardez-vous en. Gal.5 : 17

Questions

1. Comment Paul appelle-t-il les plaisirs de sens ?
   La satisfaction de la chair.

2. Comment se manifestent-ils ?
   a. Par l'amour de la mode et des derniers modèles
   b. Par les dépenses folles dans les choses de luxe
   c. Par un appétit immodéré dans le boire et le manger

3. Quelle est l'inconvénient à cette attitude?
   a. Elle ne définit pas ce que vous êtes.
   b. Elle vous pousse à l'orgueil.

4. Donnez-nous un exemple
   Le roi Ezéchias montre ses richesses aux visiteurs.

5. Quelle était la réaction de l'Eternel ?
   Il l'avertit qu'il sera dépouillé de tous ces biens. Ses enfants seront déportés.

6. D'où vient-il que l'Eternel le menaça de mort?
   Parce qu'il ne le glorifiait pas immédiatement après la victoire sur Senchérib.

Leçon 5
Son quatrième mari : L'argent

Textes pour la préparation : Ge. 32 ; 10-15 ; 45 : 20 ; Pr. 30 :8 ; Mt. 6 :24 ; 1Ti.6 :1-10 ; 2Ti.3 :2 ; Ap.3 :17-18
Versets à lire en classe : 1Ti.6 : 6-11
Verset à mémoriser: Car l'amour de l'argent est une racine de tous les maux ; et quelques-uns en étant possédés, se sont égarés loin de la foi, e se sont jetés eux-mêmes dans bien des tourments. 1Ti.6 : 10
Méthodes: Discours, comparaisons, questions
But : Montrer que l'argent est un bon serviteur, mais un mauvais maitre.

Introduction
L'argent prend toutes sortes de noms. Hier on l'appelait Mammon, le dieu de ce siècle, aujourd'hui Baphomet : le dieu de l'argent et de la gloire. Mt.6 :24

I. Attitude envers l'argent
1. Certains font toutes sortes d'excès pour l'avoir.
   Ils peuvent négliger leurs parents et leurs amis et même leur condition de santé pour de l'argent.
2. On livre son âme au diable pour l'avoir.
   Certains signent un contrat avec Satan pour en obtenir dans la renommée et dans les richesses, dans la connaissance, la politique, le sport et la danse. Après quoi, ils disparaissent de la manière la plus étrange.
3. On invente des trucs pour l'avoir :
   a. On ment.
   b. On joue à la loterie.

c. On falsifie les produits de consommation au risque d'affecter la santé des populations.
4. On peut même tuer pour l'avoir.
   Plus on aime l'argent, plus on s'éloigne de tout sentiment humain. 1Ti.6 :6-10 ; 2Ti.3 :2

II. **Ce qu'en dit la Bible.**
   1. On ne peut servir deux maitres à la fois. Mt.6 :24
   2. L'amour de l'argent est la racine de tous les maux. Il fait perdre la foi en Dieu. 1Ti.6 : 10
      a. Il vous expose à bien des tourments. V.10
      b. Il peut vous rendre stupide, méchant et sans pitié pour les faibles. V.10
      c. La vraie richesse c'est de tout posséder avec la signature de Dieu. Jacob avait volé le troupeau de son beau-père Laban par la ruse. Avec le temps, il devint pauvre. Son fils Joseph lui donne un visa de résidence en Egypte en lui enjoignant d'abandonner le peu qui lui en reste car il lui réserve le meilleur à Goshen.
      Ge. 32 : 10-15 ; 45 : 10, 20

Conclusion
Jésus reprocha à l'Eglise de Laodicée sa suffisance à cause des richesses matérielles qui étouffent sa vie spirituelle. Soyez sage pour dire à Dieu : Je ne te demande ni la richesse ni la pauvreté.
Pr.30 :8 ; Ap.3 :17-18

Questions

1. Quels sont les noms anciens et modernes pour le dieu de l'argent ? Mammon, Baphomet

2. Quels est la position de Dieu à l'égard de l'argent ?
    a. Il ne veut pas qu'on l'aime.
    b. Il n'entend pas partager son amour avec le dieu de ce siècle.
    c. Il nous invite plutôt à avoir des richesses qu'il donne.

3. Quelles sont les conséquences de l'amour de l'argent ?
    a. On s'écarte de Dieu.
    b. On perd la foi.
    c. On se jette dans bien des tourments et des désirs insensés.

4. Qu'est-ce que Dieu en condamne?
    Il condamne les excès, le contrat avec le diable, les trucs et le crime pour l'avoir.

5. Quelle est la vraie richesse pour Dieu ?
    Ce que nous possédons avec sa signature.

Leçon 6
Son cinquième mari: L'hypocrisie

Textes pour la préparation : Ps.1 :1-6 ; Mt. 23 : 1-36
Versets à lire en classe : Mt. 23 : 27-31
Verset à mémoriser: Faites donc et observez tout ce qu'ils vous disent : mais n'agissez pas selon leurs œuvres. Car ils disent et ne font pas. Mt. 23 : 3
Méthodes: Discours, comparaisons, questions
But : Aider le pécheur à reconnaitre ce vice dont il est esclave et duquel il peut se débarrasser.

Introduction
Certaines personnes affectent deux visages que leur personnalité va dévoiler. C'est de l'hypocrisie.

I. Manifestations
On fait l'expérience de deux visages, de deux cœurs dans une même personne.
1. Les lèvres peuvent sourire avec un cœur fermé.
2. Le compliment qu'on vous fait en public peut cacher votre révocation en privé.
3. Auteur de votre mort, il sera le premier à pleurer à vos funérailles.
4. Il donne l'impression d'être un fervent chrétien dans sa prière publique tandis qu'il vit dans la fornication avec des veuves en privé. Mt. 23 : 14
5. Le contrat qu'il signe peut être incorrect. Il est un chrétien en apparence. Mt. 23 : 26-28
6. L'hypocrite gagne une âme qu'il prétend être pour le Seigneur mais au fond, il la gagne pour satisfaire sa propre cause. Mt. 23 : 15
7. Il donne la dîme de ses petits revenus tandis

qu'il néglige la justice, la miséricorde et la fidélité. Mt. 23 : 23

II. Le but de l'hypocrite

1. Atteindre son but à tout prix. Il vous ment avec son sourire ou avec son emportement parce qu'il est aussi cynique que cruel. Mt.23 : 34
2. L'hypocrite est lâche ; il va vous trahir et vous livrer sans merci. Mt.23 : 13
   Pilate dira : « Jésus est innocent », aussi vais-je le libérer ; mais il faut que je lui donne une raclée. Mt.27 :24-26
3. Il vous embrasse avant de vous tuer. Il a pitié de vous. Il vous le dit même en vous enfonçant le couteau à la gorge.

III. Le sort des hypocrites

1. Ils porteront le châtiment de toutes les victimes depuis Abel jusqu'à nos jours. Mt.23 :34-35
2. Ils partageront la même chambre avec Caïn en enfer. Mt .23 :35

Conclusion

Le sort des hypocrites est loin d'être désirable :
L'auteur du Psaume premier les appelle moqueur. Ils ne pourront résister au jour du jugement. Leur route mène à la ruine. L'"hypocrisie est un mari à rejeter. Embrassez Jésus-Christ. Ps.1 :6

Questions

1. Qu'est-ce-qu'un hypocrite ? Une personne à double face et à double cœur.

2. Quelles sont les manifestations de l'hypocrisie?
   a. Les lèvres sourient avec un cœur fermé.
   b. L'affirmation sur papier n'aura pas de suite.
   c. Il triche en gagnant les âmes à lui et non au Seigneur.
   d. Il donne la dime sur toutes les petites affaires au mépris de la justice, la miséricorde et la fidélité.

3. Quel est le but de l'hypocrite ?
   Réussir à tout prix

4. Quelles sont ses caractéristiques ?
   a. Il est lâche. Il peut vous trahir et vous livrer sans merci.
   b. Il vous embrasse avant de vous tuer.
   c. Il a pitié de vous tandis qu'il vous coupe la gorge.
   d. Il sera le premier à crier à vos funérailles.

5. Quel sera le sort de l'hypocrite ?
   a. Il portera le châtiment de toutes les victimes depuis Abel jusqu'à nos jours.
   b. Il partagera la même chambre d'accueil avec Caïn en enfer.

Leçon 7
Son sixième mari : La religion

Textes pour la préparation : 2Roi.17 :24, 32.33,40-41; Es.53:5; Mt.8:17; 11:28; Jn.4:22; 8:12; Ro.5:8; Ep.2:3; He.12:14
Versets à lire en classe : Jn.4:15-26
Verset à mémoriser: Vous adorez ce que vous ne connaissez pas ; nous, nous adorons ce que nous connaissons, car le salut vient des Juifs. Jn.4:22
Méthodes: Discours, comparaisons, questions
But : montrer l'incapacité de la religion pour amener une âme au ciel.

Introduction
Certains croient dans l'efficacité de leur religion pour leur salut. La femme samaritaine était religieuse mais elle n'avait pas un sauveur.

I. **Quelle était sa religion alors ?**
   Elle pratiquait le syncrétisme religieux.
   1. Fille née du métissage de colons assyrien et de mère juive, elle observait les principes du culte idolâtre en même temps que le culte au vrai Dieu. Jn.4:20-22; 2Roi.17 :24, 32.33, 40-41
   2. Elle connaissait le lieu du culte à l'Eternel mais n'a pas la force de servir le vrai Dieu et lui seul, à cause des pressions de son milieu et de son style de vie.

II. **Pourquoi voulait-elle donner le change a Jésus-Christ?**
   1. Elle était en face de la lumière du monde sans le savoir. Jn.8:12

2. Elle voulait sauver les apparences quand elle disait. «Nos pères ont adoré sur cette montagne». Mais cette femme débauchée, où adorait- elle? Jn.4:20
3. Elle tenait à cacher son identité de femme de joie et voulut même éviter le jugement de sa conscience.

III. Jésus peut-il admettre des faux dévots dans l'Eglise?
1. Il appelle toutes les âmes fatiguées et chargées y compris les hypocrites. Mt.11 :28 ; Ro. 5 :8
2. Il ne fait pas de distinction entre le péché grossier et le péché mignon. Il est mort pour les deux. Es.53 : 5
3. Nous tous aussi nous étions de leur nombre. Nous adorions ce que nous ne connaissions pas. Jn.4 : 22 ; Ep.2 : 3
    a. Nous allumions nos bougies et nos chandelles aux pieds des statues pour leur présenter nos prières.
    b. Pour certains d'entre nous, nous portions des « vœux » et des couleurs pour vénérer un saint patron.
    c. Nous faisions chanter des messes et disions des prières pour les morts pour libérer leurs âmes du purgatoire.
    d. Nous déposions du pain et versions du café sur leur tombe pour qu'ils ne viennent pas nous tourmenter.
4. Jésus les accepte certainement dans l'Eglise. Il les transforme graduellement à l'hôpital du Saint-Esprit grâce à ses soins spirituels. Ainsi ils pourront aussi voir le Seigneur. He.12 :14

Conclusion

La religion ne sauve pas. Vous feriez bien de vous attacher à Christ. Nous aurons tous un même Sauveur, un même Docteur, Jésus-Christ, pour nous purifier de toutes iniquités et nous délivrer de toutes nos maladies. Mt. 8 :17

Questions

1. Quelle était la religion de la femme samaritaine ?
   Le syncrétisme religieux.

2. Expliquez :
   Elle était issue d'un colon assyrien et d'une mère juive. Elle adorait les dieux des deux nations.

3. Pourquoi voulait-elle donner le change à Jésus-Christ ?
   a. Elle ignorait qu'elle était en face de la Lumière du monde
   b. Elle voulait sauver les apparences.
   c. Elle voulait cacher son identité.
   d. Elle voulait éviter le jugement de sa conscience.

4. Pourquoi Jésus admet-il les faux dévots dans l'Eglise ?
   a. Pace qu'il appelle tout le monde au salut
   b. Parce qu'il ne distingue pas entre les péchés.
   c. Parce qu'il a le pouvoir de les transformer.

5. D'où Jésus nous avait-il recrutés ?
   a. Nous tous aussi, nous étions de leur nombre.
   b. Christ nous a sauvés par grâce, par le moyen de la foi.

Leçon 8
Son septième mari: Jésus-Christ

Textes pour la préparation : Jn.4 :1- 29 ; Ep.5 :23
Versets à lire en classe : Jn.4 :23-30
Verset à mémoriser: Venez voir un homme qui m'a dit tout ce que j'ai fait ; ne serait-ce pas le Christ? Jn.4 :29
Méthodes: Discours, comparaisons, questions
But : Montrer que tout pécheur a besoin de renoncer à tous les maris pour adopter Jésus le septième.

Introduction
Qui a réellement fait la conquête de l'autre? Jésus ou la femme samaritaine?

I. **Les deux alors**
1. Jésus a trouvé une âme perdue qu'il cherchait. La femme a trouvé le Sauveur qu'elle cherchait. Voilà le mariage de Jésus avec son Eglise qui est son corps et dont il est le sauveur.
   Jn.4 : 29 ; Ep.5 : 23
   a. Il lui offre ce que les autres maris ne pouvaient donner : le salut gratuit. Jn.4 : 25-26
   b. Il lui offre une eau exceptionnelle. Jésus peut satisfaire notre soif de pardon, de justice, de paix, d'amour et de salut. Jn.4 : 14
   L'eau vive de la grâce jaillit dans sa vie au point d'inonder la ville de Samarie. Jn.4 :39-40
   c. Jésus gagna cette âme sans violence et l'a amenée à lui obéir. Jn.4 : 6-7, 28-39
   d. Il lui offre le « Je le suis, moi qui te parle», Le Messie. Jn.4 :26

II. Voyons l'action de **l'âme sauvée par grâce**
Puisque Jésus l'a restaurée et l'a réintégrée dans sa société, elle n'a plus rien à cacher.Jn.4 : 29
1. Elle abandonna sa cruche de sottises, témoin de sa honte et de ses déceptions. Elle communiqua le message du salut à tous ses anciens clients et à qui veut l'entendre.
2. Elle reprit librement son chemin, décidée à se dévoiler publiquement, à renoncer à tous les premiers maris puisqu'elle a trouvé la sécurité désirée dans le septième. Jn.4 :28

Conclusion
Vous voyez bien qu'il ne s'agit pas de la femme samaritaine mais de tous les pécheurs dans leur soif de paix et de salut. Voulez-vous accueillir ce mari?

Questions
1. Qui a fait la conquête de l'autre? Les deux. Jésus a gagné une âme. La femme a gagné son sauveur.
2. Justifiez la supériorité de Jésus-Christ sur les autres maris.
   a. Il donne le salut gratuit.
   b. Il satisfait notre soif de justice, de paix et d'amour.
   c. Il nous gagne sans violence.
3. Quel sont les résultats de ce salut dans la vie du pécheur sauvé?
   a. Il est restauré et réintégré dans la société.
   b. Il n'a plus besoin de se cacher pour sortir
   c. Il témoigne des bienfaits de Dieu.
   d. Il renonce à ses anciens maris.
   4. Que représente la cruche? Le respect humain

Leçon 9
La Réformation de la maison d'Israël

Textes pour la préparation : Ge.12 :3 ; 1Roi.12 :10-24 ; Ez.28 :25-26 ; Mt.11 :28 ; 15 :24 ; Jn.3 : 16 ; 10 :16 ; 17 : 20 ; Ac.2 :39 ; Ro.1 :16 ; Ga.2 :8 ; 3 :16
Versets à lire en classe : Mt. 11 :28-30
Verset à mémoriser: Venez à moi, vous tous qui êtes fatigués et chargés, et je vous donnerai du repos. Mt .11 :28
Méthodes: Discours, comparaisons, questions
But : Présenter une invitation mondiale de Jésus-Christ pour le salut de tous sans restriction.

Introduction
Dire à un Juif que Dieu aime aussi les païens, c'était le provoquer. Or, Jésus vient pour le salut du monde entier. Comment va-t-il s'y prendre?

I. Il va d'abord réunifier la maison d'Israël
1. Après la mort du roi Salomon, le royaume d'Israël était divisé en deux. Le royaume de Juda s'associait à la tribu de Benjamin et le royaume d'Israël absorbait les dix autres. 1Roi.12 :10-24
2. Dieu livra le royaume d'Israël à la captivité assyrienne dans l'année 722 BC et Juda à la captivité babylonienne dans l'année 586 BC.
    a. Ezéchiel devait prophétiser sur le rassemblement des douze tribus pour reformer la nation juive. Ez. 28 :25-26
    b. Jésus dit qu'il est venu pour les brebis perdues de la maison d'Israël. Mt.15 :24

1. **Ensuite sauver toutes les nations.**
   Toutes les nations seront bénies en Abraham, et en sa descendance, c'est-à-dire Christ. Ge. 12 : 3 ; Ga.3:16
2. Dieu a tant aimé toutes les nations qu'il a donné Jésus-Christ en sacrifice pour le salut de quiconque croit tant juif que grec. Jn.3 :16 ; Ro.1 :16
3. Christ fit de Pierre l'apôtre des juifs et de Paul l'apôtre des païens, c'est-à-dire le reste du monde. Ga.2 :8

II. **Enfin comprendre chacun en particulier dans son plan de rédemption.**
   1. Il voit les gens de toutes les catégories sociales et religieuses, de toutes les races et de toutes les couleurs. Mt.11 :28
   2. Il les appelle «des brebis qui ne sont pas de cette bergerie», c'est-à-dire les non-juifs. Jn.10 :16
   3. Il prie pour eux et pour le ministère des disciples auprès d'eux. Jn.17 :20
   4. Pierre l'a compris quand il dit que « la promesse est pour les juifs et pour ceux qui sont au loin, mis pour les païens, en aussi grand nombre que le Seigneur, notre Dieu les appellera. » Act. 2 :39

Conclusion

Tout pécheur est une « femme Samaritaine » fatiguée, chargée et assoiffée de l'eau de la grâce divine. Cessez de vous cacher derrière une cruche de déception et ouvrez votre cœur à Jésus, votre Seigneur et Sauveur.

C'est plus que la Reformation, c'est la mondialisation de la Parole. Venez et puisez.

Questions

1. Qu'est-ce-qui sonne mal à l'oreille des juifs ? Que Jésus veut sauver aussi les païens.

2. Comment était l'empire davidique après la mort de Salomon ? Le royaume était divisé en deux.

3. Qui prédisait sa réunification? Le prophète Ezéchiel.

4. Qui prévoit le salut pour tout le monde ? Jésus-Christ

5. Comment comprend t-il les hommes dans son plan de rédemption ?
   a. Les hommes de toutes catégories sociale, raciale, religieuse.
   b. Il prie pour eux et pour tous ceux qui viendront à lui dans la suite.
   c. Ils sont tous comme la femme samaritaine, les victimes de plusieurs maris en quête de délivrance.

Leçon 10
Thanksgiving

Textes pour la préparation : Ex.12 :14-40 ; 23 :16 ; Lev. 23 :1-8 ; Esd 3 :4-5 ; Eccl.3 :1-4 ; Ac.2 :1 ; Ph.4 :4 ; Col.3 :15
Versets à lire en classe : Lev. 23 : 1-8
Verset à mémoriser: Réjouissez-vous toujours dans le Seigneur ; je le répète, réjouissez. Ph.4 :4
Méthodes: Discours, comparaisons, questions
But : Présenter Thanksgiving comme la fête de tous.

Introduction
Thanksgiving ou fête de reconnaissance, devrait être l'initiative de tout le monde. Elle est biblique, humaine, sociale et spirituelle.

I. C'est d'abord une recommandation de la Parole.
1. Pour conserver le souvenir des bienfaits de Dieu. Ex. 12 : 14 ; Col.3 : 15
2. Pour les célébrer. Ex.12 : 14

II. Elle est biblique :
1. Dans l'Ancien Testament :
   Dieu demande à Israël de célébrer de génération en génération :
   a. l'anniversaire de leur délivrance ou La Paque après leurs 430 ans d'esclavage en Egypte. Ex. 12 :14 , 40
   b. La fête des pains sans levain pendant sept jours Ex. 12 :17 ; 23 : 16
   c. La fête de la moisson pour honorer le Dieu de leur abondance. Ex. 23 : 16 ; 34 :22

d. La fête des tabernacles. Es.3 :4-5
   e. La fête de la Pentecôte. Ac.2 : 1
2. Dans le Nouveau Testament
   a. A la Noel Les chrétiens célèbrent l'anniversaire de la venue du Sauveur.
   b. A la Pâque ils célèbrent l'anniversaire de leur délivrance du péché
   c. Chaque Dimanche les chrétiens de tous les temps, célèbrent la résurrection de Jésus-Christ.

III. **Elle est sociable**
   1. Elle réunit les gens qui sont motivés par le même besoin de louer Dieu.
   2. On se réjouit et l'on mange et boit pour féliciter Dieu.
   3. S'il y a un temps pour toute chose, on doit prévoir un temps pour des célébrations car Dieu aime les célébrations. Eccl.3 :1-4

III. **Elle est humaine et subjective**
Chaque année les gens fêtent
   a. Les grands évènements de la vie nationale
   b. Leur anniversaire de mariage
   c. L'anniversaire de naissance des membres de leur famille et de leurs amis. Ils ont appris tout cela de Dieu qui l'avait lui-même initié dans la vie de son peuple.

On n'a que faire des opinions erronées des ingrats et des déviants spirituels qui contestent ces célébrations.

Laissez-les célébrer l'anniversaire de leurs déceptions, de leur défaite, de leur divorce. Quant à vous, prenez la responsabilité de célébrer votre venue sur la planète, vos conquêtes supportées par l'amour et la compassion de Dieu.

Réjouissez-vous toujours dans le Seigneur, nous dit l'apôtre Paul : Réjouissez-vous ! Nous ne devons pas vivre toute notre vie dans la mortification. Réjouissez-vous par le Saint-Esprit. Ph.4 :4

Conclusion
Voilà pour la fête d'actions de grâces! Etes-vous un chrétien reconnaissant ?

Questions

1. Quelles sont les raisons pour célébrer la fête d'Actions de Grâces ?
   a. Dieu l'ordonne
   b. Il veut être remercié pour ses bienfaits.
   c. Il veut développer en nous le sentiment de reconnaissance.

2. Quelles étaient les fêtes célébrées par Israël ?
   La Paque, la Moisson, la Pentecôte, la fête des pains sans levain et la fête des trompettes.

3. Quelles sont celles célébrées par les chrétiens ?
   La Paque, la résurrection de Jésus-Christ, la bible, et la moisson

4. Quelles sont les fêtes sociales célébrées par les chrétiens ?
   La Noel, la fête des pères et des mères, l'anniversaire de l'Eglise, des parents et de mariage.

5. Quelle sont les fêtes politiques célébrées par les chrétiens?
   La fête du drapeau, de l'indépendance, les aïeux

6. Quelle est la raison de ces fêtes ?
   Pour manifester notre reconnaissance envers ceux qui se sont dépensés pour nous léguer une patrie libre et indépendante.

Leçon 11
Fête de la Bible :

La manifestation de la Souveraineté de Dieu.

Textes pour la préparation: Ge.1:1-12; No. 20:7; 22: 1-41 ; 23:10; 1Roi.17: 4-6; 1Sam.16:14-15; Ps.24:1-3; 34:8; 93:1; Zach.3:1; Mt.21: 19; 28:19-20; Mc.4 :39; 2Co.12:7;Ep.6:11-13; Jn.11:43-44; He.12:7-9; 1Pi.3:18-19; 5:8; Ap.12:10
Texte à lire en classe : Ps.93 :1-5
Verset à mémoriser : A l'Eternel la terre et ce qu'elle contient, le monde et ceux qui l'habitent. Ps.24 :1
Méthodes : Discours, questions
But : Montrer la souveraineté de Dieu sur la création

Introduction
C'est un fait : Dieu est l'auteur de la création. Le psalmiste l'a résumé en ces termes : A l'Eternel la terre et ce qu'elle contient, le monde et ceux qui l'habitent. Ps.24 :1

Il exerce son droit sur tous et sur tout. Ps.24 :2
I. Son droit sur le monde visible
   1. Il parle aux hommes vivants, même morts. Jn.11 : 43-44 ; 1Pi.3 :18-19
   2. Il parle aux plantes. Ge.1 :11-12 ; Mt. 21 : 19
   3. Il parle aux animaux.
      a. Aux poissons. Ge.1 :22 ; Jon.2 :11
      b. Aux quadrupèdes. No. 22 :28
      c. Aux oiseaux. 1Roi.17 :4-6
   4. Aux corps inertes.
      a. Aux rochers. No.20 :7
      b. A la mer. Mc.4 :39

5. Il contrôle la croissance des hommes, des plantes et des animaux et toutes les ressources naturelles mises à notre disposition. Ps.93 :1

II. Son droit sur le monde invisible

Sur Satan, le prince de la puissance de l'air, celui qui délègue des mauvais esprits pour maitriser les enfants rebelles. Ep.2 :2

III. Pourquoi Dieu contrôle-t-il le monde invisible

1. Parce qu'Il est le Père de tous les esprits, bons ou mauvais. Ep. 6 : 12 ; He.12 :9
    a. Il envoie un mauvais esprit sur le méchant roi Saul.1Sam.16 :14-15
    b. Il contrôle le bocor Balaam qui voulait détourner les enfants d'Israël. No.22 :12
    a. Ce Balaam sait qu'il dépend de Dieu pour toutes ses décisions même si sa fin sera différente de celle des justes. No.23 :10
    c. Si Satan **rode autour de nous** pour chercher à nous dévorer, et nous souffleter parfois, l'Ange de L'Eternel **campe autour de** nous pour nous arracher au danger. No.22: 30-35; Ps.34 :8 ; 2Co.12 :7; 1Pi.5:8
2. Parce qu'il veut nous assujettir la planète.
    Ainsi Il contrôle les ondes invisibles.
    a. Le monde est un véritable réseau ou tout est lié par des fils invisibles et présents que nous appelons Ondes Magnétiques :
    b. L'internet, la télécommunication, nos radios portatifs, nos téléphones mobiles, nos télévisions, tous dépendent d'un monde invisible sous le contrôle de Dieu.

Il en a besoin surtout pour la propagation de l'Evangile. Mt. 28:19-20

Conclusion

Tout rebelle qu'il soit, Satan sait qu'il doit se soumettre au Père des esprits. He.12 :9 Et vous? A qui vous soumettez-vous?

Questions

1. Justifiez le contrôle de Dieu sur les éléments naturels
   a. Il parle aux hommes, aux plantes, aux animaux.
   b. Il assure leur croissance et leur maintien

2. Combien de monde connaissez-vous ? Le monde visible et le monde invisible.

3. Qui habite le monde invisible ? Satan, les ondes

4. Comment expliquer que Dieu envoie un mauvais esprit sur Saul ?
   a. Dieu utilise Satan comme il le veut
   b. Il en est maitre.

5. Quel est notre avantage sur Satan le Diable ?
   Il **rode** autour de nous. L'ange de l'Eternel **campe** autour de nous.

Leçon 12
Les quatre aspects de la Noel

Textes pour la préparation : Es.9 :1-6 ; 53 :1-7 ; Mich.5 :1 ; Zach.9 :9 ; Mt.2 :10-11 ; Lu.2 :1-15
Versets à lire en classe : Lu.2 :1-7
Verset à mémoriser: Un enfant nous est né, un fils nous est donné et la domination reposera sur son épaule. On l'appellera Admirable, Conseiller, Dieu Puissant, Père Eternel, prince de la paix. Es.9 :5
Méthodes: Discours, comparaisons, questions
But : Voir la Noel dans ses diverses interprétations.

Introduction
La venue de Jésus-Christ sur la terre est un évènement révélateur de toutes les tendances dans le cœur de l'homme. Voyons-les en quatre différents aspects.

I. Aspect socio-politique
Le recensement décrété par l'empereur César Auguste mobilisait le monde entier. Lu.2 :1-7
Tandis que les pèlerins cherchaient un endroit pour se loger, ils ignoraient tout de l'étable et de l'Enfant-Dieu. Vous comprendrez pourquoi, durant cette saison, ils disent «Bonne Fête» au lieu de Joyeux Noel et que les souhaits et les cadeaux sont échangés au nom de Jésus qui n'en reçoit aucun.

II. Aspect prophétique
1. Comme le Messie glorieux.
   Esaïe présente Jésus-Christ comme Fils de Dieu. Es. 9 :5
2. Comme le Messie souffrant. Es. 53 :1-7

3. Comme le Messie triomphant. Voici ton roi vient… Zach.9 :9
4. Michée, contemporain d'Esaïe, en parle comme d'un chef qui naitra à Bethleem. Mich.5 :1

III. **Son aspect mystique**
1. Des anges viennent du ciel pour indiquer l'adresse du sauveur aux Bergers de la zone. Lu.2 :8-15
2. Ils retournèrent au ciel après avoir rendu hommage à leur roi. En effet, Jésus a quitté le ciel mais pas son pouvoir.
3. Par sa venue, il nous rassure qu'il est le propriétaire de la planète avec le droit de la visiter quand, comme et où bon lui semble. Ge.1 :1 ; Ps.24 :1

IV. **Son aspect subjectif.** Mt. 2 : 10-11
1. Du côté des hommes :
Les bergers représentaient les simples dans leur façon de louer Dieu.
Les mages représentaient les intellectuels économiquement capables pour adorer Dieu avec des offrandes qualitatives.
a. L'or symbole de sa royauté,
b. L'encens symbole de sa divinité
c. La myrrhe symbole de ses souffrances.
2. Du côté de Jésus
Le maitre du monde a choisi le lieu le plus humble pour venir afin d'être accessible à tous et de leur enlever toutes excuses. Lu.2 :12

Conclusion

Allons mes frères ! Faisons mieux que les mages. A côté de nos offrandes et nos louanges, livrons-nous à sa cause dès maintenant.

Questions

1. Citez 4 aspects possibles de la Noel.
   Les aspects socio-politique, prophétique, mystique et subjectif

2. Quand a commencé la tradition des cadeaux de Noel aux dépens de Jésus? Depuis le jour du recensement ordonné par l'empereur César Auguste.

3. Qui avait indiqué l'adresse de l'Enfant-Dieu aux bergers ? Un ange

4. Comment expliquer la présence d'une multitude d'anges au chevet du Sauveur ?
   Il avait laissé le ciel mais pas son pouvoir.

5. Que nous suggèrent les mages ?
   a. D'accompagner nos offrandes avec des louanges
   b. D'offrir nos vies avant nos offrandes.

Récapitulation des versets

1. Venez voir un homme qui m'a dit tout ce que j'ai fait. Ne serait-ce point le Christ ? Jn.4 :29

2. Ce qui a été, c'est ce qui sera, et ce qui s'est fait, c'est ce qui se fera, il n'y a rien de nouveau sous le soleil. Eccl.1 : 9

3. Je te loue de ce que je suis une créature si merveilleuse. Tes œuvres sont admirables, et mon âme le reconnait bien. Ps.139 :14

4. Je dis donc : Marchez selon l'Esprit, et vous n'accomplirez pas les désirs de la chair. Ga.5 :16

5. Car l'amour de l'argent est une racine de tous les maux ; et quelques-uns en étant possédés, se sont égarés loin de la foi, e se sont jetés eux-mêmes dans bien des tourments. 1Ti.6 : 10

6. Faites donc et observez tout ce qu'ils vous disent : mais n'agissez pas selon leurs œuvres. Car ils disent et ne font pas. Mt. 23 : 3

7. Vous adorez ce que vous ne connaissez pas ; nous, nous adorons ce que nous connaissons, car le salut vient des juifs. Jn.4 :22

8. Venez voir un homme qui m'a dit tout ce que j'ai fait ; ne serait-ce pas le Christ ? Jn.4 :29

9. Venez à moi, vous tous qui êtes fatigués et chargés, et je vous donnerai du repos. Mt .11 :28

10. Réjouissez-vous toujours dans le Seigneur ; je le répète, réjouissez. Ph.4 :4

11. A l'Eternel la terre et ce qu'elle contient, le monde et ceux qui l'habitent. Ps.24 :1

12. Un enfant nous est né, un fils nous est donné et la domination reposera sur son épaule. On l'appellera Admirable, Conseiller, Dieu Puissant, Père Eternel, prince de la paix. Es.9 :5

Feuille d'évaluation

1. Quelle partie de ces 12 leçons vous a le plus touché?
a. Pour vous-même ? _____

b. Pour votre famille? _____

c. Pour votre Eglise? _____

d. Pour votre pays? _____

2. Quelle est votre décision immédiatement après la classe? _____

3. Quelles sont vos suggestions pour l'Ecole du Dimanche :
a._____
b._____
c._____

5. Questions purement personnelles :

   a. Quelle est ma contribution pour le développement de cette Eglise? _____

   b. Quel effort ai-je fait jusqu'ici pour améliorer sa condition?_____

   c. Si Jésus vient maintenant, serai-je fier des fruits que j'aurai à lui présenter? _____

GLOSSAIRE

Abattu	: découragé
Abstinence	: Continence
Affoler	: Rendre comme fou, bouleverser
Affubler	: Vêtir d'une manière ridicule
Agape	: Repas pris en commun par les premiers Chrétiens
Allusion	: Propos qui évoque une personne, une chose sans en faire expressément mention.
Anagramme	: Mot formé des lettres d'un autre mot disposées dans un ordre différent
Apologie	: Discours destiné à assurer la défense de quelqu'un ou de quelque chose.
Baphomet	: Tem. ohp. AB., Templi omnium hominum pacts abbas, "Nom cabalistique qui relève de la haute magie.
Bénévole	: Fait sans obligation
Bercail	: Maison paternelle. Foyer familial
Broyer	: Réduire en miette
Cascade	: Chute d'eau naturelle ou artificielle
Charte	; Loi, règle fondamentale
Clarifier	; Rendre clair, purifier, épurer
Conférer	: Discuter, accorder en vertu de l'autorité qu'on a pour le faire.
Crédule	: Qui croit facilement ce qu'on lui dit, naïf
Cupide	: Avide d'argent
Cynique	: Impudent, éhonté
Débauche	: Rechercher immodérée des plaisirs sensuels
Déceler	: Découvrir, remarquer
Décimer	: Exterminer
Dépositaire	: Personne à qui a l'on a confié qqch.
Déviant	: qui s'écarte de la règle, de la norme

Discrimination	: Action d'isoler ou de traiter différemment certains individus ou un groupe entier par rapport aux autres.
Dynamique	: Qui fait preuve d'efficacité.
Echafaud	: Estrade sur laquelle on procédait aux exécutions par décapitation.
Echarde	: Petit fragment d'un corps étranger entré accidentellement sous la peau.
Enjamber	: passer par-dessus un obstacle en étendant la jambe avant de poser le pied.
Eschatologie	: Ensemble e croyances et de doctrines portant sur le sort ultime de l'homme et de l'univers.
Ethique	: Qui concerne les principes de la morale.
Exécrable	: Extrêmement désagréable
Fanatisme	: Qui est animé d'un zèle aveugle et Intransigeant.
Fantôme	: apparition d'un défunt sous l'aspect d'un être réel : revenant, zombi
Fieffé	: Qui a atteint le dernier degré d'un défaut
Force musclée	: La bastonnade
Généalogie	: Liste des membres d'une famille.
Gymnasium	: (M angl.) Etablissement où l'on peut pratiquer le sport, la gymnastique.
Houlette	: Bâton du berger se terminant à une extrémité par un crochet.
Huis clos	: Débat judiciaire hors de la présence du public. En petit comité, en secret.
Immuable	: Eternel, constant, qui ne change pas
Insolvable	: Qui n'a pas de quoi payer
Irresponsable	: Qui n'est pas capable de répondre de ses actes.
Mammon	: dieu de l'aargent
Menotte	: Bracelets métalliques avec lesquels on attache les poignets des prisonniers.
Messie politique	: Terme pour désigner un leader qui incarne la délivrance d'un pays.

Métissage	: Croisement de groupes humains présentant des différences génétiques secondaires.
Mobile	: Ce qui détermine une action volontaire
Mignon	: Gracieux, gentil, délicat
Mondialisation	: Le fait d'étendre qqch. au monde entier
Obstination	: Acharnement, persévérance, constance
Oriental	: Qui se situe à l'est.
Outrage	: Affront ou offense grave
Panique	: Terreur subite et violente de caractère collectif. Affolement
Perspective	: Aspect, manière de voir.
Polyvalent	: Qui a plusieurs fonctions différentes.
Prédateur	: Se dit d'animaux qui se nourrissent de proie.
Prétendant	: Prince qui estime avoir des droits à occuper un trône.
Proie	: Etre vivant dont un animal s'empare pour le dévorer.
Puant	: Qui exhale une odeur nauséabonde.
Rebuter	: Dégouter
Rentable	: Qui procure un bénéfice satisfaisant.
Retraite	: Lieu où l'on se retire pour se cacher.
Revendiquer	: Réclamer qqch qui vous appartient Légitimement.
Sauvegarder	: Défendre, préserver, protéger.
Segment	: Morceau coupé
Simagrées	: Manières affectées destinées à tromper, à faire de l'intéressant. Singeries
Sobre	: Modéré, discret
Syncrétisme	: Fusion de différentes doctrines religieuses
Synonyme	: Mots qui ont la même signification
Temporel	: Qui concerne les choses matérielles et relève du monde d'ici-bas

Tenant	: Partisan
Théorème	: Propositions qu'on peut démontrer logiquement à partir d'autres propositions.
Thrombose	: Formation d'un caillot dans un vaisseau Sanguin.
Tibériade	: Village au bord de la mer de Galilée.
Toison	: Laine d'un mouton ou d'autres animaux Au pelage épais. Chevelure très Abondante.
Tragique	: Dramatique, angoissant, catastrophique

Table des matières

Tome 14- Série 1

L'Amour Fraternel 4

Dans Ses 4

Grandes Dimensions 4

Avant-propos 5

Leçon 1 L'amour fraternel, une projection de l'amour de Dieu 6

Leçon 2 L'amour fraternel par notre générosité 9

Leçon 3 L'amour fraternel par le pardon inconditionnel. 12

Leçon 4 L'amour fraternel, une connexion spirituelle.... 15

Leçon 5 L'amour fraternel un festin éternel 18

Leçon 6 L'amour fraternel, une force sacrificielle 21

Leçon 7 L'amour fraternel, une preuve de conversion... 24

Leçon 8 L'amour fraternel, une expression de la famille 27

Leçon 9 L'amour fraternel, la voie de la perfection 30

Leçon 10 La charte de l'amour 33

Leçon 11 L'amour conjugal 36

Leçon 12 L'amour au mode transitif direct 40

Récapitulation des versets 43

Feuille d'évaluation 45

Tome 14-Série 2 46

Petros et Petra 46
Avant-propos 47
Leçon 1   L'ambition de Pierre 48
Leçon 2   L'ambition de Pierre avortée 51
Leçon 3   La limitation de Pierre 54
Leçon 4   La chute de Petros 57
Leçon 5   Pierre, pêcheur d'hommes 60
Leçon 6   Pierre sous le marteau des persécutions 63
Leçon 7   Pierre, défenseur de l'Evangile 67
Leçon 8   Jésus, le rocher éternel 70
Leçon 9   Sept aspects de la souffrance selon Pierre 73
Leçon 10   Pierre et les secrets du royaume 76
Leçon 11   Fête des mères 79
Leçon 12   Fête des pères 82
Récapitulation des versets 85
Feuille d'évaluation 87
Tome 14 - Série 3 87
Les Secrets Du Psaume 23 88
Avant-propos 89
Leçon 1 Le Berger de David 90
Leçon 2 Je ne manquerai de rien 93
Leçon 3 Il connait ses brebis 96
Leçon 4 Les soins particuliers du berger 99

Leçon 5 Il me fait reposer dans de verts pâturages 102

Leçon 6 Il me dirige près des eaux paisibles. 105

Leçon 7 Il me conduit dans le sentier de la justice 108

Leçon 8 Il m'accompagne dans la vallée de l'ombre de la mort 111

Leçon 9 Sa houlette et son bâton me rassurent. 114

Leçon 10 Il défie mes adversaires 117

Leçon 11 Tu oins d'huile ma tête et ma coupe déborde 120

Leçon 12 La résolution du psalmiste 123

Récapitulation des versets 126

Feuille d'évaluation 128

TB14-Série 4 129

Le Septième Mari 129

De La 129

Femme Samaritaine 129

Avant-propos 130

Leçon 1 Le premier mari de la femme samaritaine : Le Mensonge 131

Leçon 2 Son deuxième mari : La Vanité 134

Leçon 3 Peut-on reprocher quelqu'un pour ses dons?. 137

Leçon 4 Son troisième mari: Les Plaisirs Des Sens 140

Leçon 5   Son quatrième mari : L'argent 143

Leçon 6 Son cinquième mari: L'hypocrisie 146

Leçon 7	Son sixième mari: La Religion	149
Leçon 8	Son septième mari: Jésus-Christ	152
Leçon 9	La Reformation de la maison d'Israël	154
Leçon 10	Thanksgiving	157
Leçon 11	Fête de la bible :	161
Leçon 12	Les quatre aspects de la Noel	164
Récapitulation des versets		167
Feuille d'évaluation		169

Rev.Renaut Pierre-Louis

Esquisse biographique

Pasteur de l'Eglise Baptiste à Saint Raphael.	1969
Diplômé du Séminaire Théologique Baptiste d'Haiti,	1970
Diplômé de l'Ecole de Commerce Julien Craan,	1972
Professeur de langues vivantes au Collège Pratique du Nord au Cap-Haitien	1972
Pasteur de la Première Eglise Baptiste au Cap-Haitien,	1972
Pasteur de l'Eglise Redford, Cité Sainte Philomène,	1976
Diplômé de l'Ecole de Droit du Cap-Haitien,	1979
Fondateur du Collège Redford et de l'Ecole Professionnelle ESVOTEC,	1980

Pasteur militant depuis 48 ans, avocat, poète, écrivain, dramaturge, ce serviteur du Seigneur vous revient aujourd'hui avec « **La Torche Pétillante** », un ouvrage didactique, de haute portée théologique qui a déjà révolutionné le système d'enseignement dans nos Ecoles du Dimanche et dans la présentation du message de l'Evangile.

Encore une fois, pasteurs de recherche, prédicateurs de réveil, moniteurs de carrière, chrétiens éveillés, prenez « La Torche » et passez-la. 2Tim.2 :2

www.ingramcontent.com/pod-product-compliance
Lightning Source LLC
Chambersburg PA
CBHW071622080526
44588CB00010B/1229